歴史文化ライブラリー
508

イエズス会がみた「日本国王」

天皇・将軍・信長・秀吉

松本和也

吉川弘文館

目　次

日本布教開始期の権力者観

畿内布教期の権力者観・国家観

西洋人の日本人観——プロローグ

異文化の接触

二一世紀を生きる私達は、スマートフォンやタブレットを使って、外出中であっても労することなく世界中の情報を手に入れることができる。また、私達はいつでも海外に住む人達とコミュニケーションをとることが容易な社会に住んでいる。さまざまな国の情報や文化、そこに住む人達の考えなどをすぐさま知ることができる点で、インターネットが与えたインパクトは大きい。その一方で、異なる文化の人達と知り合った時、相手の習慣や考え方が理解できずに戸惑うことも頻繁に起きるようになった。それまで長いこと異なる歴史をお互いが歩んできたからであり、それが短期間で結びつくこと〈接触〉によって生じるインパクトもまた計り知れないのである。

人類の歴史をひも解いていくと、このように異文化が交わる出来事はたびたびあった。

その一つが本書の舞台になってくる「大航海時代」と呼ばれる時期だ。「大航海時代」は、一五～一七世紀にかけて、ヨーロッパ諸国が海外へ進出した時代である。進出した地域では西洋人による文明破壊や奴隷貿易という負の面を抱えながらも、異文化同士の〈接触〉が世界各地で見られた。

一方、アジアから見れば、この時期は後期倭寇《わこう》が暗躍する時代であった。後期倭寇は環シナ海を往来する海商集団である。倭寇といいながら、多くが中国人であり、それに日本人・朝鮮人などが加わった雑多な集団であった。ヨーロッパ人も東アジアから東南アジアの諸地域で後期倭寇と関わりをもった。このように、国の枠組みを越えた者達が、この広範な地域を活動した諸現象を、歴史研究者は倭寇的状況と呼んでいる。

当然、日本もヨーロッパ人との出会いのなかで、倭寇的状況と無関係ではなかった。西洋人が日本にやって来て日本人と関わりをもったのは、ポルトガル人による鉄砲の伝来がその最初とされている。これは一五四二年とも一五四三年とも言われているが、ポルトガル船が種子島《たねがしま》に来航したわけではない。ポルトガル人は、五峰という人物が乗る中国船に同乗していたが、その船が種子島に漂着したのである。この頃、後期倭寇の頭目《とうもく》である王《おう》直《ちょく》が五峰とも称され、平戸《ひらど》や五島列島《ごとうれっとう》を拠点にして活動していた。このことから、種子島にやって来た五峰は王直であったと考えられている。つまり、ポルトガル人と日本人を結びつけた出来事自体は偶然ではあったが、倭寇的状況のなかでいずれは起こりうる出来事でもあったのである。

このように考えてみると、アジア諸国がヨーロッパから受けた影響はたしかに大きいが、それは一方的なものではなく、ヨーロッパもまたアジアからの影響を受けながら活動していたといえよう。したがって、この時代の諸問題を明らかにしていくには、グローバル史の視点で見据えていく必要があり、そのうえで個々の事柄について考察していくことが望まれるのである。

中近世移行期の一研究視角

こうした視点で日本を見ていこうとした時、筆者は当時の西洋人が日本をどのように見ていたのかということに強く惹かれる。東西双方の人間が〈接触〉したことで生じる諸現象のなかで、お互いがどのような影響を与え、受けていったのかは注目に値する。そのはじめとして、お互いが他者をどのように捉えていくかということは、当然に行われる手続きであり、それは現代の国際社会においても通じる問題であるからである。

この時期、来日した西洋人のなかで最も深く日本に関わったのが、カトリック教会の修道会の一つイエズス会である。フランシスコ・ザビエルがキリスト教を日本に伝えたのをはじめとして、多くのイエズス会宣教師が来日し、キリスト教を広めていった。キリシタン史では、この時期をキリシタン時代、もしくはキリシタンの世紀と呼んでいる。秀吉の時代になると、フランシスコ会やドミニコ会などの宣教師も来日し、布教を行った。しかしながら、最も長きにわたって日本布教を行った修道会はイエズス会であり、彼らの活動抜きには日本キリシタン史は語れない。イエズス会は、一五四九年のザビエル来日から一六三九年のポルトガル船の来航禁止とそれ以降の宣教師の潜伏、および日本への潜入に至るまで、一世紀以上にわたって日本と関わってきた。しかも、イエズス会は宣教活動の過程で、膨大な数の布教地情報を書翰《しょかん》や報告書に書き認《したた》めて、ヨーロッパや他の布教地に送付したことが知られている。その内容は、当時の日本の民族・政治・文化・習俗など多岐にわたる。現存する彼らの記録は、彼らが日本をどのように捉えていたのかを知るうえで、興味深い事柄を提供してくれている。

本書では、このうちイエズス会による日本の「国王」観について考えていきたい。日本史研究では、イエズス会が日本布教をした時期は、戦国時代の終わりから徳川初期の時期にあたる。この中世から近世に移り変わる時期を中近世移行期ともいう。かつて、この時期の研究は、いつまでが中世で、いつから近世にあたるのかという時期区分に力点が置かれた。おおむね織田政権もしくは豊臣政権から近世として区分し、戦国時代はその前史として位置づけられたが、それに対する反論を交えながら長いこと議論されてきた。こうした中世と近世を区分して捉えることに対する批判から、戦国時代から織豊政権、徳川初期までを連続して捉える中近世移行期論が展開され、こちらについても現在まで多くの研究成果があがっている。しかしながら、この中近世移行期に関する見解は、今なお中世史研究と近世史研究の間で一致しているとは言いがたい。そもそも移行期を断絶か連続かという二者択一的な議論では到底解明できるわけがなく、さまざまな角度からこの時期を考察していく必要性が指摘されている。そこで筆者は、この問題を西洋人の視点から考察できないかと考え、西洋人が日本の権力者をどのように見ていたのかという点に着目した。これは中近世移行期研究にとっても有効な研究視角であると考えている。そこで、長いこと日本で布教したイエズス会が書翰などに書き記した「国王」などの語句に注目して分析し、イエズス会による日本の権力者観・国家観について考察した。本書はその試みである。

イエズス会の権力者観の研究

イエズス会の権力者観に関する研究は、すでに戦前から始まっている。村上直次郎氏がイエズス会書翰集を翻訳しており（『耶蘇会士日本通信』聚芳閣、一九二七年、改訂復刻版として、雄松堂書店、一九六六年。『イエズス会士日本通信』雄松堂書店、一九六八年。『イエズス会日本年報』雄松堂書店、一九六九年）、日本の研究者は早くからその内容を知ることができた。その後、岡田章雄氏が織田信長・豊臣秀吉・徳川家康や天皇といった権力者に関するイエズス会の報告内容を紹介した（『岡田章雄著作集Ⅳ　外から見た日本』思文閣出版、一九八三年）。

これらの史料紹介を通して、イエズス会の権力者観は、キリシタン史研究だけではなく、戦国時代から徳川初期の時代を対象とする研究論文や著書などで頻繁に取り上げられている。ただ、それらはイエズス会書翰やフロイス『日本史』に記された内容を、そのまま引用したものにすぎず、イエズス会の権力者観という視点では深く追究されることはなかった。

こうしたなかで、牧健二氏がイエズス会書翰などに見られる「国王」などといった権力者を表す語句に注目し、西洋人が日本の権力者をどのように捉えていたのかについて検討した。牧氏は徳川全期（一部それ以前の時代も検討している）を対象とし、西洋人が前近代の日本の権力者・権力構造・国家構造をどのように理解していたのかを明らかにした（「日本の封建制度に対する開国以前における西洋人の理解及び解釈」『法制史研究』一、一九五一年。「初期耶蘇会士の天皇・将軍及び武家政権観」『大倉山論集』三、一九五四年。「初期耶蘇会士の大名国王観と其の効果」『法制史研究』四、一九五四年）。しかし、牧氏の研究は、まだイエズス会史料の翻訳事業が進んでいない段階での研究であり、また大枠で捉えた研究にとどまっていたことから、実証的な検証や史料的根拠が不十分であるという問題点を残した。これを真正面から引き継いだ研究は長いこと現れず、この研究は停滞した観があった。

現在、イエズス会書翰の翻訳が一段と進展しており、そこから明らかになった点も多く、牧氏の研究の問題点を克服する土壌が備わってきた。また、オランダの史料から日本には二人の皇帝が存在したとする荒野泰典氏の説や（「二人の皇帝」田中健夫編『前近代の日本と東アジア』吉川弘文館、一九九五年）、ザビエル来日後に日本国王として足利将軍が重視されたとする清水紘一氏の説など（『織豊政権とキリシタン』岩田書院、二〇〇一年。『日欧交渉の起源—鉄砲伝来とザビエルの日本開教—』岩田書院、二〇〇八年）、部分的ではあるが、この分野での研究の進展が見られ、筆者の研究の道標となっている。筆者は、西洋人による日本の権力者観を分析し、この問題を体系的に捉える段階に進めようと試みている。

本書では、できるだけ良質な史料を用いながら、イエズス会の「国王」観について述べていきたい。なお、イエズス会史料は海外史料であるため、書翰の日付とイエズス会の外国での活動については西暦で示し、適宜和暦を補う。ただし、日本国内の出来事と日本国内でのイエズス会の活動については、和暦に改めた日付で表記し、（　）で元の西暦の日付を記す。

イエズス会の日本情報

イエズス会が伝えた記録

フランシスコ・ザビエルが日本にはじめてキリスト教を伝えた人物であることは、誰もが知っていることであろう。ザビエルはイエズス会という修道会に所属していた。

一六世紀の東アジア

そのイエズス会が創立した一五三四年頃、イベリア半島ではポルトガルとスペインがレコンキスタ（国土回復運動）を実現しており、さらに版図を拡大するべく航海事業に乗り出していた。一四九四年には、両国の間でトルデシーリャス条約が締結された。これにより、ポルトガルとスペインは、ヴェルデ岬諸島から西三七〇レグア（一レグア＝約五・五五キロメートル）にある経線を両国間の境界線とし、東をポルトガル領、西をスペイン領と定めた。このような境界設定をデマルカシオンという。

ポルトガルは、アフリカの喜望峰《きぼうほう》を越えて、アジアに向けて東へと進んだ。一四九八年、ヴァスコ・ダ・ガマらがインドのカリカットに到達し、一五一〇年には総督アフォンソ・デ・アルブケルケがゴアを占拠した。ポルトガルは、アジア経営の拠点をそれまでのコチンから、一五三〇年にゴアに移した。インドを中心とするポルトガルの勢力地を「ポルトガル領インド（エスタード・ダ・インディア）」と呼び、最高支配者はインド総督で、身分ある者はインド副王と呼ばれた。一五一一年には、同じくアフォンソ・デ・アルブケルケが東南アジアのマラッカを占拠し、マラッカなど各要塞《ようさい》には長官が任命された。東西貿易の中継地であったマラッカの攻略は、ポルトガルがさらに北上して中国との貿易を実現するための足掛かりとなった。

ポルトガルは、トメ・ピレス（『東方諸国記』の著者でもある）を大使とする遣明使節《けんみんしせつ》を派遣した。一行は広州《こうしゅう》から北京《ペキン》まで進んだものの、明の皇帝に謁見《えっけん》することが叶わず、ポルトガル・中国間の交易の門戸は閉ざされた。このため、ポルトガル人は広州湾沿岸から北上して寧波《ニンポー》にいたって、密貿易に転じていった。中国産の品々に関心を抱いていたポルトガル人によって、中国の沿岸部で密貿易が盛んに行われた。ポルトガル人がそのように行動していった背景には、中国沿岸から東南アジアにわたって広範囲に活動していた後期倭寇《わこう》が大きく関係していた。ポルトガル人の活動海域は、後期倭寇のそれと重なること

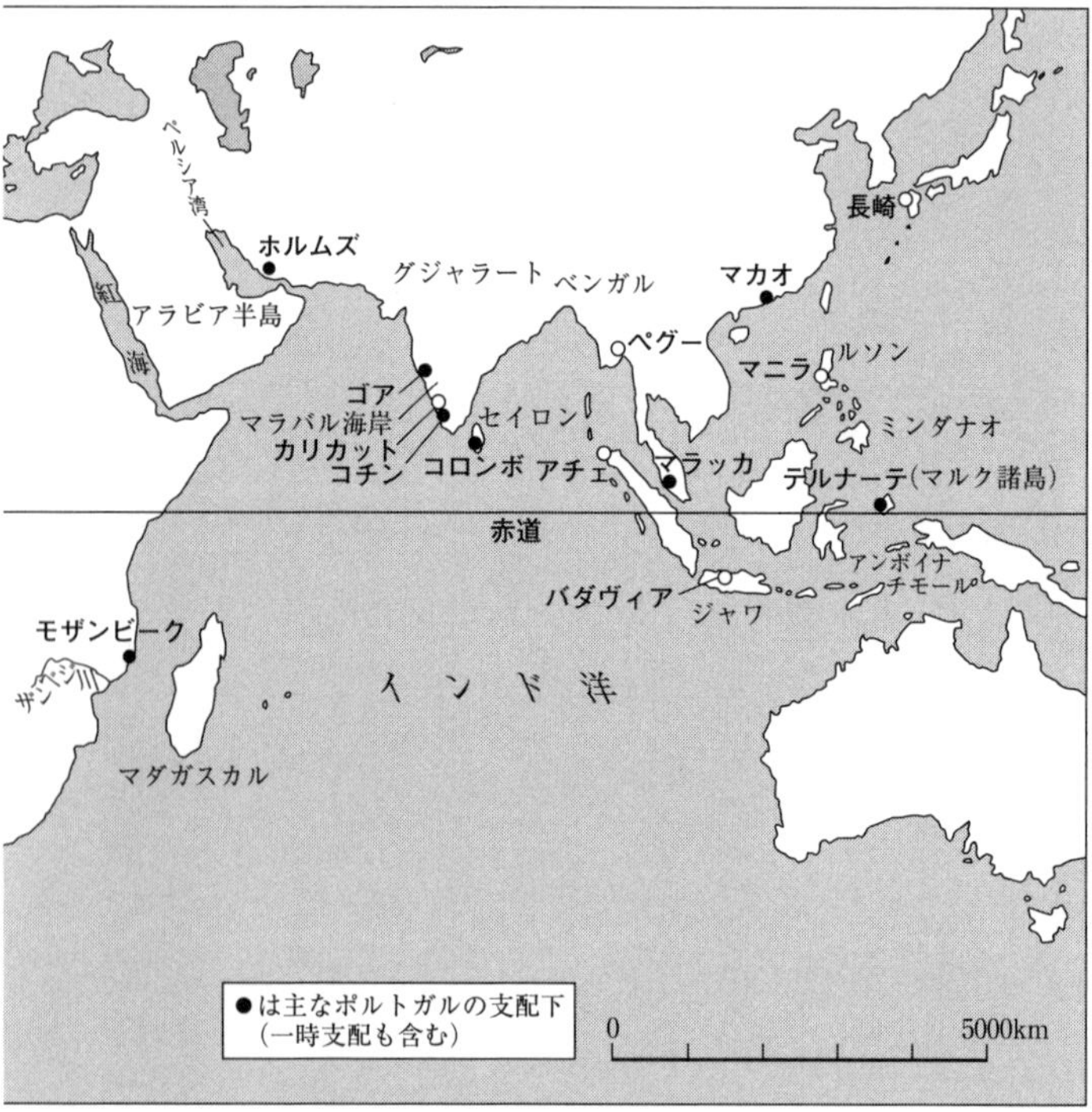

イン・ポルトガル史』山川出版社, 2000年より作成)

図1　デマルカシオンと主なポルトガル拠点（立石博高編『スペ

表1　インド総督・副王（1640年まで）

1505-1509	フランシスコ・デ・アルメイダ	Francisco de Almeida
1509-1515	**アフォンソ・デ・アルブケルケ**	Afonso de Albuquerque
1515-1518	ロポ・ソアレス・デ・アルベルガリア	Lopo Soares de Albergaria
1518-1522	ディオゴ・ロペス・デ・セケイラ	Diogo Lopes de Sequeira
1522-1524	ドゥアルテ・デ・メネゼス	Duarte de Menezes
1524-1524	ヴァスコ・ダ・ガマ	Vasco da Gama
1525-1526	エンリケ・デ・メネゼス	Henrique de Menezes
1526-1529	ロポ・ヴァス・デ・サンパイオ	Lopo Vaz de Sampaio
1529-1538	ヌーノ・ダ・クーニャ	Nuno da Cunha
1538-1540	ガルシア・デ・ノローニャ	Garcia de Noronha
1540-1542	エステヴァン・ダ・ガマ	Estevão da Gama
1542-1545	マルティン・アフォンソ・デ・ソウザ	Martim Afonso de Sousa
1545-1548	ジョアン・デ・カストロ	João de Castro
1548-1549	**ガルシア・デ・サァ**	Garcia de Sá
1549-1550	ジョルジェ・カブラル	Jorge Cabral
1550-1554	**アフォンソ・デ・ノローニャ**	Afonso de Noronha
1554-1555	ペドロ・マスカレーニャス	Pedro Mascarenhas
1555-1558	フランシスコ・バレト	Francisco Barreto
1558-1561	コンスタンティーノ・デ・ブラガンサ	Constantino de Bragança
1561-1564	フランシスコ・コウティーノ	Francisco Coutinho
1564-1564	ジョアン・デ・メンドンサ・フルタード	João de Mendonça Furtado
1564-1568	アンタン・デ・ノローニャ	Antão de Noronha
1568-1571	ルイス・デ・アタイーデ	Luís de Ataíde
1571-1573	アントニオ・デ・ノローニャ	António de Noronha
1573-1576	アントニオ・モニス・バレト	António Moniz Barreto
1576-1578	ディオゴ・デ・メネゼス	Diogo de Menezes
1578-1581	ルイス・デ・アタイーデ	Luís de Ataíde
1581-1581	フェルナン・テレス・デ・メネゼス	Fernão Teles de Menezes
1581-1584	フランシスコ・デ・マスカレーニャス	Francisco de Mascarenhas
1584-1588	ドゥアルテ・デ・メネゼス	Duarte de Menezes
1588-1591	マヌエル・デ・ソウザ・コウティーニョ	Manuel de Sousa Coutinho
1591-1597	マティアス・デ・アルブケルケ	Matias de Albuquerque
1597-1600	フランシスコ・ダ・ガマ	Francisco da Gama
1600-1605	アイレス・デ・サルダーニャ	Aires de Saldanha
1605-1607	マルティン・アフォンソ・デ・カストロ	Martim Afonso de Castro
1607-1609	フレイ・アレイショ・デ・メネゼス	Frei Aleixo de Meneses

1609-1609	アンドレ・フルタード・デ・メンドンサ	André Furtado de Mendonça
1609-1612	ルイ・ロウレンソ・デ・タボラ	Rui Lourenço de Távora
1612-1617	ジェロニモ・デ・アゼベード	Jerónimo de Azevedo
1617-1619	ジョアン・コウティーニョ	João Coutinho
1619-1622	フェルナン・デ・アルブケルケ	Fernão de Albuquerque
1622-1628	フランシスコ・ダ・ガマ	Francisco da Gama
1628-1629	フレイ・ルイス・デ・ブリート・イ・メネゼス	Frei Luís de Brito e Meneses
1629-1629	ヌーノ・アルヴァレス・ボテーリョほか2名	Nuno Álvares Botelho
1629-1635	ミゲル・デ・ノローニャ	Miguel de Noronha
1635-1639	ペロ・ダ・シルヴァ	Pero da Silva
1639-1640	アントニオ・テレス・デ・メネゼス	António Teles de Meneses

※ Frederick Charles Danvers, *The Portuguese in India: Being a History of the Rise and Decline of Their Eastern Empire*, London, 1894, vol.II を参照した。
※本書に関わる人物はゴチック体で表記した。

から、倭寇的状況と結びつくことになった。そして、ポルトガル人を乗せた中国のジャンク船が、日本の種子島《たねがしま》にたどり着くことになったのである。

イエズス会の東洋布教

イエズス会のアジア布教は、ポルトガルの布教保護権のもと、フランシスコ・ザビエルを中心として、インドや東南アジア、日本、中国へと布教地域を広げ、現地の者達をキリスト教に改宗させていった。

イエズス会は、イグナティウス・デ・ロヨラやザビエルらによって設立された修道会である。ザビエルは、一五二五年にパリ大学の聖バルバラ学院で学ぶことになった。当時パリ大学は神学研究が盛んで、とりわけ聖バルバラ学院はパリ大学にあった学院の中でも著名であった。この聖バルバラ学院でザビエルと同室になったのが、ロヨラとピエール・ファーブルである。ザビエルはロヨラに感化されて、彼とともに歩む決意をした。それに、学友のディエゴ・ライネス、アルフォンソ・サルメロン、ニコラス・ボバディーリャ、シモン・ロドリゲスが加わり、「七人の同志会」が成立した(浅見雅一『フランシスコ＝ザビエル―東方布教に身をささげた宣教師―』山川出版社、二〇一一年)。

一五三四年、この七人がパリのモンマルトルの丘で、清貧、貞潔、聖地エルサレムへの巡礼、という三つの誓願を立てた。この「モンマルトルの誓い」により、イエズス会は創立された。その六年後の一五四〇年、教皇パウルス三世の勅書によって正式に修道会として認可され(口頭では前年一五三九年)、ロヨラが初代総長に就任した。

イエズス会がローマ教皇によって正式に認可されると、ポルトガル国王ジョアン三世は、ローマ教皇にイエズス会(本書では、イエズス会宣教師という意味合いでも用いる)をインドに派遣するよう要請した。これを受けて、ロヨラは当初宣教師シモン・ロドリゲスとニコラス・ボバディーリャを派遣する予定であった。しかし、ボバディーリャは熱病にかかり、ロドリゲスはポルトガルにとどまることになった。そのため、最終的にザビエルがインドに派遣されることになり、一五四二年ゴアに到着した。その後、ゴアはイエズス会にとって布教活動の拠点となった。

ゴアは、イエズス会だけでなく、すでにフランシスコ会が来ており、イエズス会の後にはドミニコ会、アウグスチノ会がやって来て宣教活動を行った。一五三四年には、ローマ教皇直属のゴア司教区が設置され、喜望峰から日本までを管轄とした。一五三八年にフランシスコ会出身のジョアン・デ・アルブケルケが初代ゴア司教に着任した。ザビエルがゴアに到着した頃、聖職者養成のための教育機関として聖パウロ学院が建設され、ザビエルに学院の管理や運営が任された。のちに日本人アンジロー（または、ヤジロー）がキリスト教を学ぶ場所である。

ザビエルの伝えたキリスト教

ザビエルが日本布教を考えるようになったのは、マラッカで日本人のアンジローに出会ったことがきっかけである。アンジローと語り合うなかで、日本人の優秀さを見て取って日本布教を決意した。ただ、イエズス会が日本布教を行うにはポルトガルの支援が必要であり、ザビエルは当時インド総督であったガルシア・デ・サァに日本情報と日本布教の計画を伝えた。こうして、ザビエルはガルシア・デ・サァやマラッカ長官ペドロ・ダ・シルヴァ・ダ・ガマの援助を得て、日本布教が実現する。一五四九年、ザビエル一行は鹿児島に到着し、キリスト教の布教を開始した。

日本で布教が始まると、キリスト教は、日本に根付いていた仏教とはあきらかに異なるため、仏教界や一部の識者からの抵抗を受けながらも、わずか半世紀の間にキリシタンの数を爆発的に増加させた。のちに豊臣秀吉が伴天連《ばてれん》追放令を、徳川幕府が禁教令を出し、島原・天草一揆《いっき》後にはキリシタンに対して徹底的に弾圧や迫害を行った。それでも宣教師は日本に潜伏して宣教を試み、日本の民衆もキリシタン信仰を守り続けた。このことを考えれば、イエズス会の活動やキリスト教に関わる事柄は、日本史においても欠くことのできない出来事であった。

イエズス会の布教方針

イエズス会は、布教を行うにあたって、まず布教地の権力者を改宗、もしくは彼らからの保護を求め、その庇護《ひご》下で領内での布教を効率的に行うという布教方針をとっていた（松田毅一『南蛮のバテレン』朝文社、一九九一年）。そのこともあって、イエズス会は日本各地の権力者と結びつきを強め、西日本各地の戦国大名はもとより、畿内《きない》などの権力者に謁見して保護を求めた。その後、信長には三〇回以上、秀吉や家康にも頻繁に対面した。イエズス会はこうした権力者が自分達の庇護者になりうるかどうかを見極めながら、布教地の権力者情報を事細かく同僚に伝えてきた。そのため、ここから得られる権力者情報は、当時の日本側の史料に負けず劣らずの価値ある史料といえるのである。

にもかかわらず、イエズス会史料（この表現については後述する）は日本の事情を理解しない外国人の記録として、その信憑性《しんぴょうせい》に疑問を呈し、一蹴する向きも根強い。しかしながら、事情を理解していない外国人の情報だからこそ、国内では当たり前すぎて史料としては残らない情報が書き記されている。その中には、歴史研究者にとって、新たな発見を導き出す貴重な情報が少なからず存在する。当然、彼らは宗教者であるから、日本の宗教に対しては偏見も見受けられるが、日本の諸情報などの事柄については正確にして詳細なものが多く（松田毅一・川崎桃太編訳『回想の織田信長―フロイス「日本史」より―』中央公論社、一九七三年の解説ほか）、これを見逃すべきではない。日本側の史料と同じように、厳正な史料批判を行ったうえで利用するならば、活用するに値する史料であると考えている。

以下、イエズス会史料の種類や利用方法について説明したうえで、そこに表れる文言の検討に入る。煩瑣《はんさ》に感じられる場合は、ひとまず本節は後回しにしていただき、必要に応じてあらためて読んでもらいたい。

イエズス会史料

イエズス会の書いた諸記録がイエズス会史料である。おもに書翰《しょかん》と日本年報、報告書、著作、会議録、規則、目録などに分類される。このうち、本書に関係する史料について説明していきたい。

まずイエズス会書翰であるが、書かれている内容が発信日時点での情報であることがはっきりしている点で、書翰は良質の史料と位置づけられる。宣教師本人が書いた自筆書翰が現存すれば、のちの修正や改変がないことから最も良質の史料となるが、手稿《しゅこう》写本もおおむね自筆書翰に忠実なものが多く、同様に史料価値が高い。

一五七九年に、イエズス会の宣教師アレッサンドロ・ヴァリニャーノが日本年報の制度を確立してからは、日本年報が日本にいるイエズス会の公式報告書となった。日本年報は日本の布教状況が布教地ごとにまとめられており、内容も詳細に記されていることから、書翰同様に史料的価値は高い。ただし、年報は布教成果を宣伝する意図から、公開されることを念頭に置いて作成されたものであった。そのため、イエズス会にとって都合の悪いことは載せていないという点で、書翰に準ずる史料と位置づけるべきであろう。

イエズス会書翰や日本年報は、自筆のものや手稿写本にあたるのが一番よいのは言うまでもないが、海外に散在するそれらの文書群の閲覧は容易ではないうえ、外国語で書かれた史料というハードルがある。現在、それらの翻刻《ほんこく》・翻訳が進められているとはいえ、その全貌が明らかになるにはさらなる年月が必要となろう。そのため、訳文史料に頼る日本の研究者は、これらの良質な文書群に注目しつつも、すでに翻訳されているイエズス会史料を利用しているのが現状である。その史料引用の際には、ほとんどの場合、同時代にヨーロッパで編纂《へんさん》・出版されたイエズス会書翰集を利用している。この書翰集は日本で早くから翻訳されたが、史料価値という点で本来の書翰や日本年報にくらべて劣っているという問題を残している。この点については後述したい。

著作については、機密性の高い報告書などは、書翰以上に価値の高いものが存在する。ヴァリニャーノの『日本諸事要録』がそれに該当するであろう。これは『日本巡察記』（松田毅一他訳、平凡社、一九七三年）として日本語訳されている。そのほか多くがすでに日本語訳されており、容易にそれらの内容を知ることができる。著作の例として、ルイス・フロイス『日本史』（後述）・『日欧文化比較』（岡田章雄訳注『ヨーロッパ文化と日本文化』岩波書店、一九九一年）、ジョアン・ロドリゲス『日本教会史』（マテウス・デ・コウロスが執筆する予定だったが果たせず、ジョアン・ロドリゲスが担当することになった。マカオでロドリゲスは一六二〇年に執筆を始め、一六二四年までの日本教会に関する記事をもって終えている。『日本教会史』上下、岩波書店、一九六七・七〇年）、ヴァリニャーノ『日本イエズス会士礼法指針』（矢沢利彦・筒井砂訳、キリシタン文化研究会、一九七〇年）などがあげられる。

このうち、日本で最も利用されている翻訳史料は、フロイス『日本史』とイエズス会書翰集であろう。しかし、これら翻訳史料の史料的価値が十分理解されているとは言いがたい。そこで、両史料の史料的価値と史料的位置づけを述べておきたい。

執筆者のルイス・フロイスは、一五三二年にポルトガルのリスボンで生まれ、一五四八年イエズス会に入会した。この時一六歳であった。まもなくして東洋布教に参加し、一五六三年肥前《ひぜん》国横瀬浦《よこせうら》に到着し、日本布教に携わった。一五六五年には畿内布教を担当することになり、織田信長や豊臣秀吉をはじめとする権力者にもしばしば対面した。

フロイス『日本史』

そのフロイスは、一五八三年秋に日本副管区長ガスパル・コエリョから日本布教記録の執筆命令を受けた。フロイス『日本史』は、彼が過去のイエズス会書翰を参照したり、自身の見聞にもとづいたりしながらまとめられた。ヴァリニャーノからは、もっと短くするように指示されたが、フロイスはこのままローマに送付できるよう、イエズス会総長に求めた。しかしながら、フロイスの自筆原本はヨーロッパに送付されることはなく、マカオにとどまったままとなった。結局、フロイスの存命中には、『日本史』が日の目を見ることはなかった。その後、一九世紀半ばに起きたマカオの聖パウロ学院の火災により、フロイスの自筆原本は焼失したものと思われる。

フロイスの自筆原本は失われてしまったが、一五四九年から一五九三年までの写本が、松田毅一氏・川崎桃太氏によってすべて発見され、その後両氏によって日本語訳された。それが『フロイス「日本史」』（中央公論社、一九七七〜八〇年。原典と区別するため、訳文史料の場合はこのように表記する。なお、中公文庫版も出されている。本書で扱うハードカバー版との比較や原典の構成について、留意すべき点が多いので巻末で説明したい）全一二巻である。今では、『フロイス「日本史」』は、日本史の研究者の間で最も利用されている、必要不可欠なイエズス会史料となっている。

『日本史』を読んでいくと、イエズス会宣教師が書き認《したた》めた当時の書翰を参照した際、フロイスがその過去の書翰をほぼそのままに書き写した部分がある。その点に限っていえば、『日本史』はイエズス会書翰と同様に価値の高い史料である。その一方で、フロイスが当時を回想しながら、元々の書翰の内容に加筆修正した箇所も少なからず見受けられる。その箇所が正確で詳細な情報であることも多いが、ほかの宣教師が当時理解していたことを改めたという点で、史料解釈をするうえで注意が必要な史料ともいえる。厳密にいえば、フロイス『日本史』よりも元のイエズス会書翰の方が、史料価値という点では勝っている。イエズス会書翰を根本史料として扱い、フロイス『日本史』を参考にするのがよいと筆者は考えている。

エヴォラ版日本書翰集

イエズス会は、自身の活動内容や布教地情報を書翰に書き認めて、同僚や教皇、ヨーロッパの権力者などに送付した。これをかつては耶蘇会士日本《やそかいしにほん》通信《つうしん》とかイエズス会士日本通信などと呼んだが、現在ではイエズス会書翰

（書簡とも書く）と言うのが一般的である。その後、日本年報の制度が確立されてからは、公式の年報と私的な書翰に分かれることになる。書翰も日本年報も紛失を防止するため、コピーを経由地で作成したことから、同一書翰が目的地に複数届く場合も多い。そして、こうした書翰を当時の活字印刷術で編纂・出版したのが、コインブラ版・アルカラ版・エヴォラ版と呼ばれる日本書翰集である。

とくに、ポルトガルのエヴォラで出版されたエヴォラ版日本書翰集は有名で、日本の研究者の間で最も利用されているイエズス会日本書翰集である。ポルトガルのエヴォラ大司教テオトニオ・デ・ブラガンサが、エヴォラにやってきた天正《てんしょう》遣欧《けんおう》使節《しせつ》に感銘を受け、日本書翰集の出版を援助して刊行したものである。日本語訳は、村上直次郎氏がこのエヴォラ版日本書翰集を書翰（村上氏は「通信」と訳す）と日本年報に分けて刊行した。これが『耶蘇会士日本通信』（聚芳閣、一九二七年、改訂復刻版として、雄松堂書店、一九六六年）、『イエズス会士日本通信』（雄松堂書店、一九六八年）であり、『イエズス会士日本年報』（雄松堂書店、一九六九年）である。ただし、村上氏の翻訳は部分訳であり、その訳出にも所々意訳や省略が見られるという問題があった。それを克服したのが、松田毅一氏が監訳した『十六・七世紀イエズス会日本報告集』全一五巻（同朋舎出版、一九八七〜九八年）であり、これによりエヴォラ版日本書翰集の全文日本語訳かつ逐語訳の翻訳書が完成したのである。

未刊史料の翻訳事業

エヴォラ版日本書翰集の日本語訳は完成をみたが、実は原典の方にも問題があった。エヴォラ版は、当時のイエズス会の書翰をそのまま書き写したのではなく、出版にあたって所々を改変あるいは省略するという操作を行っていたのである。宗教的な観点から、あるいは日本の風習などを理解しなかった点から、このような操作がなされたものと考えられる。

とはいえ、歴史研究者はこの改変されたり、省略されたりした部分が知りたいわけで、キリシタン史の専門家達は、より良質な史料を求めて、イエズス会宣教師達による自筆書翰や手稿写本を利用し、その翻刻・翻訳を開始した。また、この良質な史料を多数所蔵するローマ・イエズス会文書館が一九七〇年代に入って所蔵史料を一般公開した。これにより、世界中の歴史研究者がこれらの良質な史料を活用できることになった。日本では、東京大学史料編纂所がこれらの未刊史料の翻訳に取り組み、『日本関係海外史料　イエズス会日本書翰集』として刊行を続けている。また、高瀬弘一郎氏・岸野久氏によって『イエズス会と日本』（岩波書店、一九八一・八八年）がローマ・イエズス会文書館所蔵の文書群からの訳書として刊行された。これらが、現在のところ、最も良質なイエズス会書翰の訳文史料集である。そのほか、個々の研究者も自身が関心のある書翰の翻訳を行っており、未刊史料の内容が徐々に明らかになっている。

史料収集も積極的に進められており、ローマ・イエズス会所蔵書翰の多くが上智大学キリシタン文庫に、それ以外の書翰の多くが前述の東京大学史料編纂所に写真帳として所蔵されており、海外に赴くことなく史料の閲覧ができるようになった。

イエズス会書翰の所蔵先

ローマ・イエズス会文書館にある日本・中国部（Jap.Sin.「ジャプ・シン」と一般に略される）という文書群が、日本関係のイエズス会書翰で最も豊富にして良質の文書群である。尾原悟氏が『キリシタン文庫―イエズス会日本関係文書―』（南窓社、一九八一年）と題して、この文書群の目録を作成しているが、それに記されているだけでも約数千通に上る書翰が確認できる。この目録は日本・中国部の文書群すべてを載せているわけではなく、途中で終わっていたり、部分的に抜けている箇所もあったりすることから、実際はさらに多くの書翰が眠っている。書翰一通も十数葉（表裏で一葉と数える）に上るものが多数存在することから、一通の書翰から得られる情報量はたいへんな分量となる。ローマ・イエズス会文書館には、この日本・中国部以外にも多くの報告書・記録などが現存している。

ローマ・イエズス会文書館のほかにも、ポルトガルではリスボンにある国立図書館（BNL）やアジュダ図書館（BAL）、トーレ・ド・トンボ国立文書館（ATTL）、科学学士院図書館（BACL）、スペインではマドリードの王立歴史学士院図書館（BRAM）などが日本関係の書翰を多数所蔵している。また、国内では、京都外国語大学にルイス・フロイスが自筆署名した日本年報など四通の文書が所蔵されている。

以上のような代表的な図書館・文書館に所蔵する文書群だけでも相当数に上るうえ、本書で紹介しきれない文書群を所蔵する機関が、ヨーロッパを中心にまだまだ存在することから、今後も未知の日本情報が得られる可能性は十分考えられる。

イエズス会書翰の権力者情報

これまで述べてきたように、本書では最も史料価値の高い、東京大学史料編纂所編『日本関係海外史料　イエズス会日本書翰集』を主に活用して、日本の権力者に関する情報を分析していくことにする。

権力者を指す言葉

その前に、イエズス会が書翰の中で用いた権力者を示す語句について説明しておきたい。イエズス会は日本布教を進めていくなかで、「内裏《だいり》」、「公方《くぼう》」、「屋形《やかた》」などといった現地語である日本語を、そのままローマ字表記にして権力者に関する情報を伝えていった。しかしながら、日本語のままではインドやヨーロッパにいる書翰の受取手に理解されないので、彼らにも日本の権力者情報が理解できるように、「国王（レイ）」、「領主（セニョール）」、「太守（ドゥケ）」といった南ヨーロッパ語（ここではポルトガル語・スペイン語・イタリア語を指す）を用いながら、日本語の説明をしていった。

これらの南ヨーロッパ語での説明から、西洋人が当時の日本語をどのように理解し、日本の権力者を捉えていたのかが読み取れる。本書では、こうした語句に注目し、イエズス会の権力者観について考えてみたいと思う。日本語の訳文史料から考える場合、注意しなければならないのは、その訳語が日本語のローマ字表記を再び日本語に戻したものであるのか、それとも南ヨーロッパの言語を日本語訳したものなのかを区別して考えなければならないという点である。

前述の通り、「国王」、「領主」、「太守」は西洋の枠組みに当てはめて使用された語句で、南ヨーロッパ語の日本語訳である。そこで、この三つの語句について整理しておきたい。なお、イエズス会史料はポルトガル語・スペイン語・イタリア語・ラテン語で書かれているが、ポルトガル語で書かれた史料が圧倒的に多いので、ポルトガル語での表記とする。

「国王」＝レイ

「国王」は、ポルトガル語では「レイ rei（史料には rey と書かれていることも多い）」という単語である。この単語の意味はいくつかあるが、本書に関係するものとして「一国の支配者、絶対的な権力者」という意味をもつ。英語で言えば「キング king」（オックスフォード OXFORD 葡英辞典）にあたる。そのため「国王」とか「王」と日本語訳される。『日葡辞書《にっぽじしょ》』の「国王」の項にあるポルトガル語訳にも「国王（レイ）もしくは皇帝（エンペラドール）」と記されている。したがって、「レイ」を「国王」と訳して問題ない。

一方、「王」という訳語を使用する場合には注意が必要である。日本国内で用いられていた日本語の「王」、それをローマ字表記した「ウォー Vo」と明確に区別する必要があるからである（「ウォー」については後述する）。「王」という訳語自体は誤訳ではないとはいえ、使用を避けることが望まれる。筆者は「国王」の訳語で統一している。

「レイ」の訳語に関連して、松田毅一氏が関わる翻訳書の中では、「国王」のほかに「国主」と訳される箇所がある。これについて、

「国主」という訳語

松田氏は『フロイス「日本史」』の凡例でこのように述べている。

大友宗麟《おおともそうりん》や徳川家康《とくがわいえやす》らが「国王」と記されていることについては、フロイスが第一部の序文において事情を説明している。しかし本訳〔『フロイス「日本史」』のこと—以下、引用史料中の〔　〕は筆者注〕において彼らを「国王」と記すことはおよそ日本風ではないので、違和感を多少やわらげるために「国主」とし……。

松田氏はこのように「レイ」を「国主」と訳した事情について説明している。読者にいっそう理解しやすい訳語を充てようと、松田氏の配慮のほどがうかがわれる。しかしながら、翻訳書を読むだけでは、「国王」と「国主」が同一語の「レイ」の訳語であると判別

することは難しい。これでは、イエズス会の考える「レイ」の捉え方について誤解を招きかねない。

『日葡辞書』の「国主」の項には、「王国の領主」とのポルトガル語訳が記され、「国王（レイ）」は使われず、「領主（セニョール）」が用いられている。西洋人が日本語の「国王」と「国主」を「レイ」と「セニョール」で使い分けた点に注目すべきであり、彼らはそれぞれ別の語句と理解していたことがわかる。つまり「レイ」は「国主」と訳すことはできないのである。

そもそも「国王」と「国主」というように訳し分けする必要が生じるような語句を、イエズス会はなにゆえ「レイ」という一語で伝えたのであろうか。訳し分けしなければならなかった理由こそ検討すべきである。筆者は、原文の「レイ」の使用例を追うことで、イエズス会が権力者をどう認識していたのかがつかめ、当該期の権力論をより深く追究することができると考えている。

「王＝（天）皇」＝ウォー

次に「王（ウォー）」という日本語について考えていきたい。この語句は日本語をローマ字表記したものであり、当時の日本人が使っていた「王」である。このことから、前述の「国王（レイ）」と明確に区別しなければならない。にもかかわらず、誤訳ではないものの、「レイ」を「王」と訳す翻訳書があることから、訳文史料のみを扱う研究者が「ウォー」と「レイ」を混同してしまうこともしばしばあった。また、キリシタン史研究では、「ウォー」を「（天）皇」と訳すことが多い。これについても、「皇」という表記によって、「ウォー」が何か特殊な語句であるかのような印象をもたせてきた。

詳細については後述するが、ランチロットという人物の日本報告には、イエズス会が捉えた日本の「国王（レイ）」は、日本人達が「ウォー」と呼んだ人物だと書かれている。その「ウォー」は、教皇のような存在で、皇帝に相当する「御所」と呼ばれる人物に全責任を委ねているとある。したがって、「ウォー」は天皇を指していることがわかる。「ウォー」の漢字は本来ならば「王」を充てるのが適当であろう。しかし、イエズス会の書いた「ウォー」は天皇を指すものとして使用されている点、「王」と記すことによって「国王（レイ）」との混同を避ける点から、キリシタン史研究では「（天）皇」という表記を使用してきたものと思われる。筆者もこれまで「皇」を用いてきたが、権力論の立場から、当時の邦文史料に見られる「王」は天皇を指すことが指摘されており（堀新『織豊期王権論』校倉書房、二〇一一年）、またイエズス会の「ウォー」には「王」を充てるべきではないかとの指摘もあがるようになった（藤井讓治「信長の参内と政権構想」『史林』九五―四号、二〇一二年）。「ウォー」の解釈がキリシタン史の専門家以外にも深く求められる段階に入ったことを示している。また、当該期研究では王権論に関する議論が進んでおり（堀新前掲）、西洋人の「王（ウォー）」の考え方を解明することは、王権論の進展にも大いに貢献しよう。そこで、「ウォー」を「王」と正確に訳すことによって有益な議論ができると考え、本書では「王」を用いることにしたい。

「領主」＝セニョール

「領主」はポルトガル語では「セニョール senhor」という単語になる。この「セニョール」の日本語の訳出は難しい。一般には「領主」のほかに「君主」、「主人」、「大身」などとさまざまな訳語が使われる。そのため、これらの日本語訳が同一語句の「セニョール」であるとわかるには、ある程度原文を理解できなければ困難だといえる。

「セニョール」は英語の「ミスター Mr.」に相当する使い方（オックスフォード OXFORD 葡英辞典）を除けば、根本には「主《ぬし》」という意味をもつ単語である。したがって、その対象が国の場合なら「君主」や「国主」、所領ならば「領主」、家ならば「主人」という訳語になる。それが天であれば「天の主」、すなわちデウスやイエス・キリストを表すことになる。筆者は、極力「領主」の訳語を用いることで、訳文からも「セニョール」の訳語であることがわかるよう努めている。『日葡辞書』の「領主（リョウジュと読む）」の項にも、「セニョール」が使われていることから、「領主」という訳語は適切である。しかしながら、先ほど述べたように、「セニョール」の使用例はほかにもあるので、「領主」と訳すと不自然な場合には「君主」や「主人」などと訳している。

「太守」＝ドゥケ

「太守」はポルトガル語では「ドゥケ duque」である。英語では「デューク duke」に相当することから（オックスフォード OXFORD 葡英辞典）、通常は「公爵」と訳される単語である。ただ、『日葡辞書』に「公爵」の項はないため、当時の日本の社会から考えた場合、「公爵」という訳語は適当ではない。この点をふまえてのことと思われるが、キリシタン史研究では「太守」と訳されることが多い。

「太守」を『日葡辞書』で確認すると、「国の主」という日本語と同じ意味であり、「ある一つの国、あるいはそれ以上の大領主」という説明がなされ、「セニョール」が使われている。したがって、「太守」という訳語は、正確さにおいてはやや外れた訳語ともいえるが、適訳を考えて訳者達が苦慮した表れともいえる。筆者は、「公爵」という訳語を充てることもあるが、通常は先学に倣《なら》い「太守」を用いている。

「執政官」＝レジェドール、「統治者」＝ゴベルナドール

「執政官」はポルトガル語で「レジェドール regedor」、「統治者」はポルトガル語で「ゴベルナドール governador」である。「ゴベルナドール」は、英語では「governor」に相当し（オックスフォード OXFORD 葡英辞典）、「支配者」や「統治者」という意味があるので、

「統治者」で問題ない。「レジェドール」もまた「統治者」と訳出してよい単語であるが、「ゴベルナドール」と区別するため、キリシタン研究では「執政官」と訳出されることが多い。筆者もこれに従っている。イエズス会は、「国王 rei」の家臣にこれら二語を用いることが多いが、両語をどのように区別しているかは判然としない。

「部将」＝カピタン

「部将」はポルトガル語で「カピタン capitão」で、英語では「captain」に相当し（オックスフォード OXFORD 葡英辞典）、「長官」や「長」という意味になる。キリシタン研究では、場面に合わせて訳し分けしており、一つの訳語に統一されていないようである。筆者は、「部将」という訳語を充てるのがよいと考えている。

以上、イエズス会が書翰や報告書などで用いた語句について、本書で主に登場するものを取り上げて説明してきた。現在、イエズス会書翰や年報などが多数翻訳されているが、原語を意識した適切な訳語を考え、統一見解をもつことが望まれる。

日本布教開始期の権力者観

ザビエルの「日本国王」観

日本布教への期待

東洋布教のためインド、次いでマラッカ、モルッカ諸島などを訪れたフランシスコ・ザビエルは、マラッカで日本人アンジローと出会った。

アンジローは鹿児島の出身で、何らかの理由で人を殺害したため、日本から逃れようとしていた時に、日本に来ていたポルトガル商人ジョルジェ・アルヴァレスと知り合うことになった。彼の助けを得て、日本を脱出してマラッカに逃れることができた。アルヴァレスはザビエルの友人であったこともあり、彼の影響を受けて、アンジローはキリシタンになろうと決意した。アルヴァレスはアンジローをザビエルに紹介し、一五四七年十二月初旬、マラッカの丘の聖母教会で二人は出会った。

また、アルヴァレスは、ザビエルの依頼を受けて、日本の情報を伝えるべく日本に関する報告書をまとめ上げた。ザビエルは、アルヴァレスの日本報告とアンジローの理知さにふれて、日本人の優秀さを期待し、日本での布教を決意するに至ったのである。ザビエルはアンジローにゴアの聖パウロ学院で学ぶことを勧めて、その後一五四八年三月、ゴアで二人は再会した。

ザビエルは、ゴアの聖パウロ学院長であったニコラオ・ランチロットに、アンジローを託すとともに、アンジローから日本情報を収集するよう命じた。アンジローは、聖パウロ学院で十分な教理教育を受けて、信者としての資質を備えると、一五四八年五月二十日聖霊降臨の祝日に、ゴアの大聖堂で洗礼を受けた。洗礼名はパウロ・デ・サンタ・フェと名づけられた。また、ランチロットはアンジローから日本情報を聞き取って日本報告を作成した。それを受け取ったザビエルは、インド総督ガルシア・デ・サァに提出した。この報告を読んだガルシア・デ・サァは、ザビエルの日本布教を認可し、日本国王宛の書翰《しょかん》をザビエルに手渡した。マラッカ長官ペドロ・ダ・シルヴァ・ダ・ガマも日本渡航の手配や日本国王への贈り物の準備など、さまざまな援助をした。こうして、ザビエルはポルトガル国家の支援を受けて日本布教が実現していくのである。

太
平
洋
中　国
カントン
サンチャン
ペグー
シャム
フィリピン
マニラ
南
シ
ナ
海
モロタイ島
モルッカ諸島
テルナーテ
マラッカ海峡
マラッカ
シンガポール
アンボイナ
スマトラ島
ジャワ海
ジャワ島
フローレス島

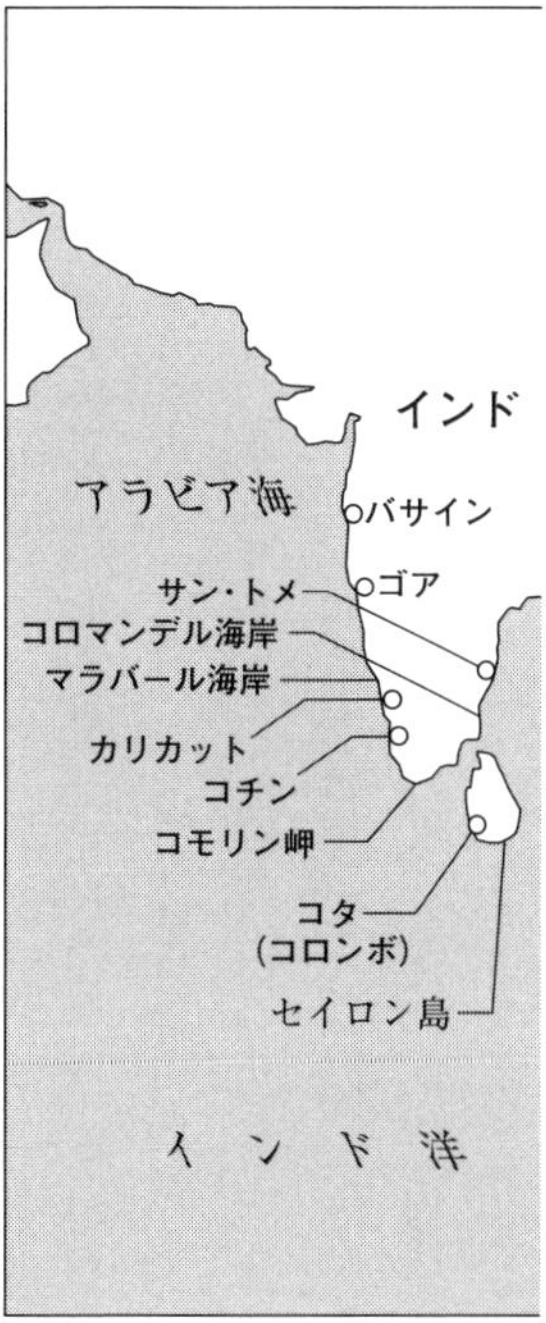

図2　東南アジア地図

ザビエル来日頃の日本

ザビエルが来日した時の日本は、戦国時代も終盤に入った頃で、畿内《きない》はまさに混沌《こんとん》としていた。室町幕府の足利《あしかが》将軍家はすでに日本を治める力はなく、将軍を支えるはずの細川《ほそかわ》氏も一族内で細川晴元《はるもと》と細川氏綱《うじつな》が対立していた。細川晴元のもとには三好《みよし》氏が仕えており、三好長慶《ながよし》と同族の三好政長《まさなが》（宗三《そうざ》）が重用されていた。天文十七年（一五四八）五月六日、敵対する氏綱に寝返ったことのある池《いけ》田信正《だのぶまさ》が、晴元によって自害に追い込まれる事件が起きた。これに三好政長が便乗して利を得ようとしたことから、三好長慶は父元長《もとなが》の仇《かたき》でもあった政長の討伐を要請した。しかし、晴元はこれを拒否した。そればかりか、晴元は長慶と敵対する姿勢を見せたことから、長慶は氏綱側に転じた。天文十八年六月二十四日、長慶は政長方と摂津《せっつ》国江口《えぐち》で戦い、宿敵政長を討ち取った。敗北を知った晴元は、前将軍足利義晴《よしはる》と将軍足利義輝《よしてる》を伴い、近江《おうみ》国坂本《さかもと》まで逃れた。七月、三好長慶は細川氏綱と入京し、畿内の実権は長慶が握ることになった。この年、ザビエルが鹿児島に到着している。

天文十九年二月、足利義晴・義輝父子は銀閣の近くに中尾《なかお》城《じょう》を築城し、京都奪還を企てた。義晴は五月四日に病死したが、七月、足利義輝が細川晴元や六角定頼《ろっかくさだより》を伴って上洛し、三好軍と戦いを繰り広げた。十一月、三好方が坂本を放火したことから、義輝らは近

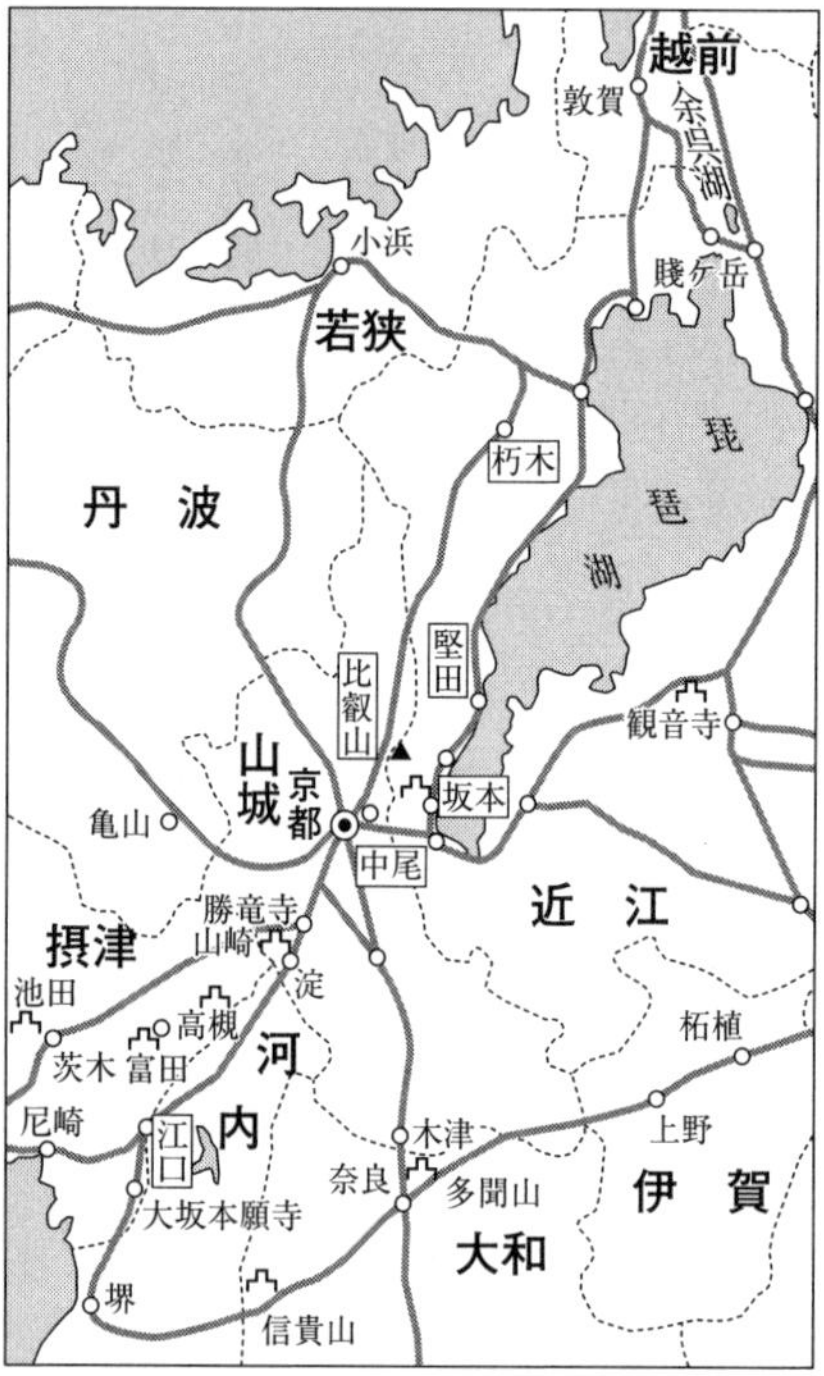

図３　畿内の地名（池上裕子『日本の歴史15 織豊政権と江戸幕府』講談社，2002年より作成）

表2　畿内情勢略年表（天文年間）

天文5年（1536）	2月26日	後奈良天皇即位礼　※践祚は大永6年（1526）
	7月27日	天文法華の乱。延暦寺が法華宗の本山二十一か寺を焼き討ち
天文12年（1543）	7月25日	細川晴元方と細川氏綱方、堺で戦う
天文17年（1548）	8月12日	三好長慶、三好政長の成敗を晴元に要請
	10月28日	長慶、氏綱方に転じ、晴元と敵対
天文18年（1549）	6月24日	江口の戦い。長慶、政長を摂津江口で討つ
	6月28日	晴元、足利義晴・義輝を伴い、近江坂本に退避
	7月9日	長慶、氏綱とともに入京
	7月22日	ザビエル、コスメ・デ・トルレスらとともに鹿児島に到着（1549年8月15日）
天文19年（1550）	2月	義晴・義輝父子が中尾城築城
	5月4日	義晴病死
	7月	義輝、晴元・六角定頼を伴い上京、三好軍と交戦
	10月22日	義輝、中尾城から打って出るが、三好方に敗れる
	11月	三好方が坂本放火。義輝は中尾城を自焼し、近江堅田に退く
	11～12月頃	ザビエル、京都に到着（1551年1月頃）
天文20年（1551）	2月10日	義輝、定頼の意見を入れ、近江朽木に移る
	3月14日	長慶、伊勢貞孝邸で進士賢光に襲われる

江国堅田《かたた》に退いた。ザビエルが入京したのは、この天文十九年十二月頃（一五五一年一月頃）である。その後、天文二十年二月十日、六角定頼の意見を入れ、義輝は奉公衆《ほうこうしゅう》であった朽木《くつき》氏を頼って近江国朽木に移った。三月になると、長慶は刀で斬りつけられ負傷したのをはじめとして、数度にわたって長慶暗殺未遂事件が起きている。この裏には義輝の存在があるとされ（天野忠幸『三好長慶―諸人之を仰ぐこと北斗泰山―』ミネルヴァ書房、二〇一四年）、京都は不穏な空気が漂っていた。

この時の天皇は後奈良《ごなら》天皇である。大永六年（一五二六）四月二十九日、後柏原《ごかしわばら》天皇が崩御したことにより後奈良天皇は践祚《せんそ》した。しかし、この頃朝廷は困窮をきわめ、各地の戦国大名の献金によって、一〇年後の天文五年（一五三六）二月二十六日になって、ようやく紫宸殿《ししんでん》で即位礼を挙げることができた。

のちに天下に名を馳《は》せる織田信長や徳川家康は、まだ注目されるような存在ではなかった。信長は天文十五年に古渡城《ふるわたりじょう》で元服《げんぷく》し、翌年父織田信秀《のぶひで》のもとで初陣《ういじん》を果たした頃であった。また、当主信秀は敵対していた斎藤道三《さいとうどうさん》と和睦《わぼく》し、信長と道三の娘との婚姻が結ばれている。イエズス会が信長と出会うのは、この頃から二〇年も先のことであった。家康にいたっては、織田信秀から今川義元《いまがわよしもと》への人質に移るという、苦難の幼少期を迎えていた。

ザビエルの日本布教

天文十八年七月二十二日（一五四九年八月十五日）、ザビエルはコスメ・デ・トルレス、ジョアン・フェルナンデス、アンジローほか日本人二名、従僕二名を伴い、鹿児島に到着した。この頃、薩摩《さつま》の大名は島津貴久《しまづたかひさ》であった。ザビエルは同行したアンジローを島津貴久のところに派遣した。それから一ヵ月ほど経った九月九日（一五四九年九月二十九日）、ザビエルは貴久に謁見《えっけん》することが叶い、鹿児島で布教活動を開始した。これが日本布教の開始である。しかし、一年ほど鹿児島に滞在している間に、仏僧達の反発を受け、また貴久も禁教へと考えを変えていった。折しも、平戸《ひらど》にポルトガル船が来航したとの知らせが、ザビエルのもとに入ってきたことから、ザビエルはアンジローを鹿児島に残し、自身は当初の計画通り京都へ向かうことにした。天文十九年六月～七月（一五五〇年八月）にまずは平戸へと出発した。

鹿児島を出発したザビエルは、天文十九年七月～八月（一五五〇年九月）に平戸に到着し、ポルトガルの通商を望んでいた松浦隆信《まつらたかのぶ》から歓迎を受けた。その後、ザビエルは、コスメ・デ・トルレスらを平戸に残し、ジョアン・フェルナンデスとベルナルドを連れて山口に向け出発した。同年九月～十月（同年十一月）、ザビエルは山口に到着すると、そこで布教活動を始めた。しばらくして戦国大名大内義隆《おおうちよしたか》に謁見した。義隆から布教許可は得られなかったが、山口で布教を行ったのち、京都に向かった。天文十九年十一月～十二月頃（一五五一年一月頃）に京都に到着した。しかし、京都は日本の中心とはとても言えないほど荒れ果てていた。将軍足利義輝は京都におらず、後奈良天皇は在京こそしていたものの、内裏は荒れ果てていた。日本の「最高の国王」という入京前のイメージとはほど遠いものであった。

そこで、ザビエルはわずか一〇日ほどで京都を離れることにした。天文二十年二月〜三月（一五五一年四月）、入京前に立ち寄った山口を再び訪れ、大内義隆にあらためて謁見し、贈り物を進呈した。義隆はたいへん喜び、キリスト教布教を認める許可証をザビエルに与えた。ザビエルは山口を日本布教の拠点とし、本格的に布教が行われることになった。

山口での布教活動中、豊後《ぶんご》にポルトガル船が到着したとの知らせが入った。大友義鎮《おおともよししげ》からも招かれたことから、ザビエルは平戸からトルレスを呼び寄せ、彼に山口を任せ、自身は豊後に向かった。天文二十年八月中頃（一五五一年九月中頃）、ザビエルは豊後に到着した。義鎮はポルトガル船の来航を望んでいたこともあり、ザビエルを歓迎し、キリスト教布教にも好意的であった。しかし、義鎮に謁見したザビエルは、義鎮に改宗の見込みが立たないことを悟り、日本布教をトルレスに任せ、自分は中国布教を進めるべく日本を去った。

その後、イエズス会はコスメ・デ・トルレスを中心に、山口や九州北部で布教活動を続けた。

ランチロットの日本報告

では、話をザビエルの来日前に戻し、イエズス会の「国王」観について考えていきたい。

ゴアの聖パウロ学院長ニコラオ・ランチロットは、ザビエルに命じられて、アンジローからの聞き取りをもとに日本報告を作成した。その日本報告は二種類あり（部分的に改編されたものを含めると四種類ある）、ともに一五四八年夏に作成された。第一日本報告は、ザビエルを介してインド総督ガルシア・デ・サァに提出された。これを読んだガルシア・デ・サァが、さらに世俗的な情報を求めたため、新たに作成されたのが第二日本報告である。

第一日本報告と第二日本報告を見ていくと、いずれも日本の「国王」に関する説明がされている。この日本報告はともに長文であるので、それぞれ該当箇所に限って引用しよう（ともに、東京大学史料編纂所編『日本関係海外史料　イエズス会日本書翰集』訳文編による。以下『書翰』と略す。なお、一部筆者が改めた箇所がある）。

第一日本報告

第一日本報告では、日本の「国王」に関する事柄は、冒頭から語られている。

日本の島は六〇〇レグア（一レグア＝約五・五五キロメートル）の長さがある。日本全土は一人の「国王（レイ）」が統治し、諸領主が彼に従っている。領主は亡くなると、その嫡子《ちゃくし》が領国の後継者となり、ほかの息子達はその嫡子に従うという条件で、いくらかの土地が与えられる。領国を分割するようなことはない。領主は一万から三万の兵を抱えている。この後、日本の「国王」に関する説明が始まる。

［アンジローが語るには、─引用史料中の［　］は筆者注］最高の国王《レイ》はその国の言葉で王《ウオー》と呼ばれています。そして、これは、彼等の間では最高の階級です。この階級の者達は他の階級の者達とは結婚しません。そして、この王は彼等の間では私達の間の教皇の如き存在である、と思われます。彼は世俗の者に対するのと同様、この地に多数いる聖職者に対しても権限をもっています。彼はあらゆる事柄に対して絶対的な権能を所有していますが、誰かを裁くことを命じることは決してしません。しかし、彼は私達の間の皇帝同様に彼等の中の他の者に全責任を委ねている、と［アンジローは─引用史料中の［　］は『書翰』の編者による］言っています。その者は御所《ゴショ》と呼ばれています。彼は日本全体についての命令権と支配権を所持していますが、彼は前述の王に服従しています。そして御所が王を訪ねて行く時には床に膝をつける、と［アンジローは］述べています。また彼は諸領主、部将及び士卒からなる大きな政庁をもち、裁判や戦争の任務を帯びてはいるけれども、もしも御所が何か悪い事件を企て

ようとすれば、王は彼から国を奪い取ることができるし、またそれが価値あることであるならば、彼の首を斬ることができる、と〔アンジローは〕言っています。（『書翰』六号）

第一日本報告は、これに続き天皇の生活、日本の社会、日本の宗教、日本人と日本に関する事柄について言及されている。報告の内容は、日本の宗教に関する内容が多いことから、ザビエルの日本布教を目的として作成されたことは明確である。しかし、日本布教はポルトガル国家の支援なくしては成り立たなかった。そこで、ザビエルはインド総督ガルシア・デ・サァに、この第一日本報告を提出したわけである。

第二日本報告

第一日本報告を読んだインド総督ガルシア・デ・サァは、日本の統治状況や戦闘が行われているか否かの質問をした。インド総督としての立場から、こうした政治的側面に関心が向けられたのであろう。これに対するアンジローの返答をもとに作成されたものが、第二日本報告となる。日本の「国王」に関する記述は、第一報告と同じく冒頭に記されている。

アンジローは日本の諸領主の間で、西洋人同様に何らかの不和が原因で戦いが行われると言う。その戦いでは多くの者が殺害されるが、それは日本の領主が多くの兵を抱える大領主だからである。双方で、和睦が進まない場合、このような事柄が記されている。

彼等が協定を結ばない時には、私達の間にいる皇帝の如き存在であり、彼等の間では御所と呼ばれている最高の国王が彼等に和睦するように命じます。そして、前述の領主の誰かが頑冥《がんめい》であるならば、前述の御所は彼に戦いを挑み、その領国を彼から取り上げてしまいます。そしてそれが行うに値する時には、彼の首を斬ることも時にはあります。(『書翰』七号)

ただし、彼らの領国は「御所」のために取り上げるのではなく、法規に基づいて領主だった者の子息達や親族に与えるという。これも西洋の習慣と同じである。

内容は続いて、日本の地理、日本の武具、戦闘方法、貿易、そのほか日本の事柄に関することが述べられている。このように、第二日本報告は、総督ガルシア・デ・サァの質問に応じて、世俗的な内容が中心となっている。この報告をもとに、ガルシア・デ・サァはザビエルの日本布教を認め、援助を行った。

日本報告から見た「日本国王」

第一日本報告には、日本全土は一人の「国王」によって支配されており、この「国王」は現地語、すなわち日本語で「王」と呼ばれていると書かれている。「王」は西洋の教皇のような存在であること、この後に書かれている「御所」と区別していることから、第一日本報告に書かれた「日本国王」は天皇であることがわかる。

一方、第二日本報告では、日本人の間で「御所」と呼ばれている「最高の国王」について書かれている。第二日本報告で将軍に関する記載がみられるのは、前述の通り、第一日本報告を読んだインド総督ガルシア・デ・サァが、世俗的な内容を求めたことによる。そこで、ランチロットは日本の統治情報を詳細に記し、将軍と幕府に関する話題が中心になったのである。「御所」と呼ばれる「国王」は、西洋の皇帝に相当するとし、第一日本報告で大きな政庁をもっているとある。天皇を指す「王」と区別していることからも、「御所」は足利将軍を指していることが判明する。

第一・第二日本報告から、「日本国王」は以下のように整理される。日本では、天皇は「王」と、将軍は「御所」と呼ばれ、ともに日本「最高の国王」と理解された。天皇は世俗の者にも聖職者にも権限があり、あらゆる事柄に対して絶対的な権限を有していた。その天皇は全責任を将軍に委ね、そのため将軍は命令権・支配権を有しており、大きな政庁すなわち幕府を開いた。しかし、その将軍は最終的には天皇に服従しており、問題を起こせば天皇によって処罰されるというものであった。

二種類のランチロットの日本報告を読むと、「最高の国王」は日本に二人いたことになる。しかし、第一日本報告では、日本全国は一人の「国王」によって支配されているとあることから、イエズス会の「日本国王」観は一見矛盾するようにみえる。

では、国王は二人というのは誤りなのであろうか。次にこの点について考えてみたい。

「日本国王」はどちらか

日本布教を具体的に計画していくにあたって、フランシスコ・ザビエルがランチロットの日本報告の影響を大きく受けたことは想像に難くない。このランチロットの日本報告の内容が、実際の日本の情勢に合致するかどうかはさておき、ザビエルはこの情報をもとに日本布教構想を描いた。したがって、ザビエルも「日本国王」は天皇と将軍だと認識していたに違いない。

ザビエルは来日するまで多くの書翰を書き認めているが、「日本国王」に関する情報が記された書翰は七通が現存する。これらの書翰から、ザビエルは来日後「日本国王」のいる所に行き、彼の保護を得たあと一気に日本布教を進めていく考えであったことが読み取れる。このことから、「日本国王」が誰なのかを比定することは、日本キリシタン史において重要な論点なのである。しかしながら、ザビエルは書翰の中で「王」や「御所」という現地語である日本語を使用していないため、「日本国王」が誰を指しているのか判然としない。

そこで、ザビエルの日本布教計画と来日後の実際の行動から、「日本国王」を比定することになる。従来、ザビエルが京都で謁見しようとしていた「日本国王」は、天皇という理解が一般的だった。これに対して、清水紘一氏は、来日後のザビエル書翰に見られる

「国王」関連記事を分析して、来日前の「国王」は天皇・将軍の両者を指すが、来日後は将軍に重きが置かれたとする説を主張している（『織豊政権とキリシタン』岩田書院、二〇〇一年。『日欧交渉の起源』岩田書院、二〇〇八年）。来日後、将軍を主要な「日本国王」と認識し、「勘合権《かんごうけん》」（明《みん》の皇帝から勘合貿易を認められた権利を指していると思われる）を保持する将軍をザビエルは重視したというものである。この見解は、本書のテーマに大きく関わることなので検証していきたい。

鹿児島発信書翰

では、来日後から入京するまでの間、ザビエルは天皇と将軍をどのように捉えていたのであろうか。ザビエルが来日してから入京するまで、彼の書翰は鹿児島発信のものしか現存しない。発信日もすべて一五四九年十一月五日付で、五通が残っている。このうち日本の「国王」が登場する書翰は三通ある。まず、ゴアのイエズス会員宛ザビエル書翰で、五ヵ所に「国王」が登場する。

【史料1】

①私達が当地［鹿児島］に到着したのは、日本の首都であり、国王や国の有力な領主達が居住している都に赴くには逆風の吹いていた時期でした。……②坂東《ばんどう》は非常に大きな所領であり、同地には太守六人がいて、彼等のうちの一人は有力者であり、その者に全員が従属しています。この有力者は都の大なる国王である日本の国王に服従し

ています。……③その国〔中国〕へは日本の国王の安全通交証を持参すれば、中国人から虐待を受けずに無事に行くことができます。日本の国王が私達の友人となり、そして彼からこの安全通交証をたやすく入手することができることを、私達はデウスに信頼しております。〔引用史料中の丸数字は筆者による〕（『書翰』二九号）

【史料1①】には、日本の「国王」などが住んでいる京都に行くつもりであると、はっきりと読み取れる。来日前の情報と変わらず、ザビエルの日本布教計画に変化は感じられない。一方、【史料1②・③】からは、来日後に新たな情報を得たことがわかる。

【史料1②】では坂東という地名が登場する。また、「太守（デュケ）」という語句が出てくるが、大名もしくは地域領主を指している。

坂東には六人の「太守」すなわち大名がおり、そのうちの一人が残りの「太守」を従えていると書かれている。この内容は、現地語（日本語）が使われていないため確定はできないが、鎌倉公方《かまくらくぼう》（関東公方）のことを説明しているものと思われる。

鎌倉公方は、足利尊氏《あしかがたかうじ》の子足利基氏《もとうじ》を初代とするが、ザビエルが来日した時には本拠地である鎌倉府を実質治める鎌倉公方は存在せず、下総《しもうさ》国古河《こが》を本拠とする古河公方と、伊《い》豆《ず》国堀越《ほりごえ》を本拠とした堀越公方に分裂していた。堀越公方は北条早雲《ほうじょうそううん》（伊勢盛時《いせもりとき》）によって滅亡しているので、この時期は古河公方の足利晴氏《はるうじ》ということになる。鎌倉公方を本来補佐するのが、関東管領《かんとうかんれい》の上杉氏である。この時の関東管領は山内《やまのうち》上杉家の上杉憲政《のりまさ》である。関東管領もまた山内上杉家と扇 谷《おうぎがやつ》上杉家の二家が対立していたが、一方の扇谷上杉家はすでに滅亡している。

したがって、ザビエルが記した「坂東」の情報は不正確なもので、関東の情勢を十分に理解できていなかったものと思われる。六人の「太守」という表現も、ザビエルの記載が実情と異なることから、「太守」の比定をしたところで推測の域を出ない。【史料1②】を鎌倉公方に関する情報と考えれば室町幕府に関することなので、ここでの「日本国王」（史料は「日本の国王」となっているが、「日本国王」とも訳すことができるので、この表記にしている）は足利将軍を指しているといえる。

【史料1③】は、「日本国王」の安全通交証を持参すれば、無事に中国へ行くことができるとある。「日本国王」と親しくなり、この安全通交証を手に入れることをザビエルは期待している。この安全通行証は勘合（符）を指し、勘合貿易について説明したものであることは容易に推測できる。

勘合貿易は、三代将軍足利義満《よしみつ》が遣明使を派遣し、日明間で正式に国交関係が開かれたことによって始まった。応仁・文明の乱以降、細川氏と大内氏が貿易を争うようになったが、大永三年（一五二三）の寧波《ニンポー》の乱《らん》後は、大内氏が権益を掌握した。天文七年（一五三八）、同十六年に大内氏は明へ派遣し、これを最後に勘合貿易は終焉を迎えた。ザビエルが鹿児島に到着した時には、明との貿易は幕府ではなく大内氏が握っていたことになり、しかもザビエル日本滞在中には明への派遣はなかった。

とはいえ、【史料1③】は勘合貿易の話以外には考えにくく、「日本国王」と記している以上、足利将軍が関わっていた時代の情報であったと考えられる。このことから、【史料1②③】ともに室町幕府に関する事柄であり、足利将軍がかつて権力を有していた時代の情報をザビエルは聞き知ったものと思われる。

堺商館設立の構想

二通目は、ゴアの聖パウロ学院長アントニオ・ゴメス宛ザビエル書翰である。この書翰には一ヵ所に「国王」の事例が確認できる。

パードレ達が来る時には、〔インド〕総督が日本の国王へ書状と一緒に贈物をするように働きかけて下さい。なぜなら、彼が私達の聖なる信仰に改宗するようになれば、堺に商館が設けられてポルトガル国王に十分な現世的利益が齎《もたら》されることになると、デウスにあって信じているからです。その地は非常に大きな港であり、また甚《はなは》だ裕福な商人が多数いる都市でもあり、日本のその他の地方におけるよりも多量の金銀がありま す。（『書翰』三二一号）

インド総督が「日本国王」宛の書状と贈り物を用意するよう、聖パウロ学院長のアント

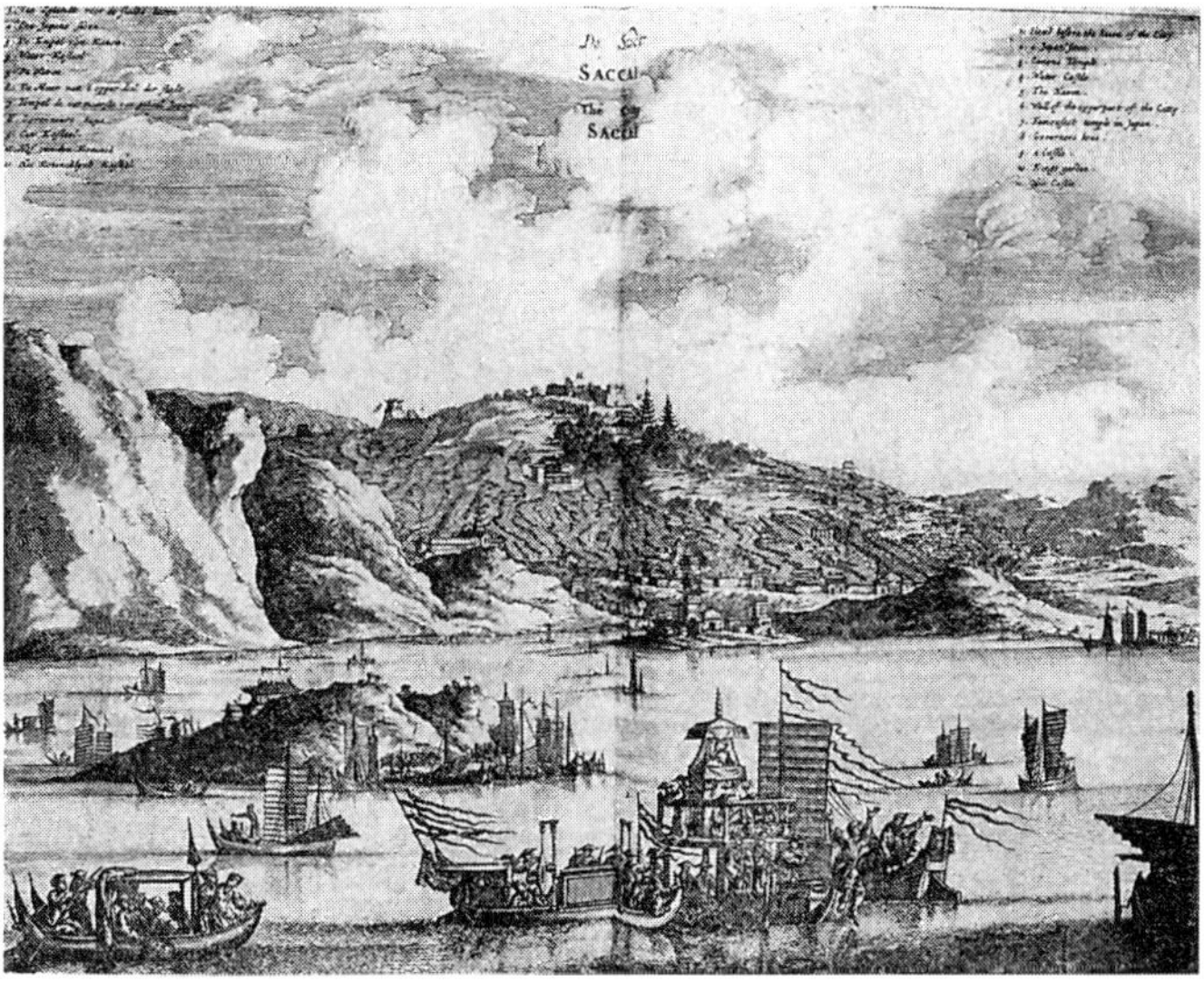

図4　堺市図（モンタヌス『日本誌』より，国立国会図書館蔵）

ニオ・ゴメスに依頼した内容である。「日本国王」がキリシタンになれば、堺《さかい》に商館が設けられて、日本との貿易でポルトガル国王は多大な利益を得るであろうと伝えた。堺は来日後に得た情報と考えられる。先の【史料1③】と関連して考えると、商館設立は日明貿易と関連づけられるようにも思えるが、同書翰からは中国との関係をうかがわせる記載はなく、日本の京都に近い貿易港としてあげられているにとどまっている。ザビエルは日本布教を進めるにあたってポルトガル国家の支援が必要であることから、ポルトガル国家の利益につながる話題をあげたと考えられる（岸野久『ザビエルと日本―キリシタン開教期の研究―』吉川弘文館、一九九八年）。

最後三通目がマラッカ長官ペドロ・ダ・シルヴァ・ダ・ガマ宛ザビエル書翰である（『書翰』三三号）。同書翰には四ヵ所で「国王」の事例が確認できる。内容は、都に国王がいるという記事、その国王への贈り物に関する記事、堺商館設立関連記事である。いずれも先のザビエル書翰と同じ内容である。

以上、一五四九年十一月五日付、鹿児島発、ザビエル書翰三通に書かれている「国王」の情報は、日本との貿易に関するものが新たに加わり、対日貿易にポルトガルが参入できる可能性について報告している。とくに日明貿易に関する内容があがっていることから、中国をも視野に入れた東アジアでの貿易に参画する構想を伝えたことがわかる。すなわち、ポルトガルの日本進出ひいては東アジア進出の可能性を報告し、イエズス会の日本布教の利点を述べたものといえよう。

「日本国王」をどう見たか

しかし、この来日後の情報をもって、ザビエルが「日本国王」を将軍に改めたとするのはいささか早計である。これまでこの問題を考えるにあたって、イエズス会書翰に書かれている「日本国王」の情報が天皇と将軍のどちらを指すのかという視点で考えてきた。しかし、「日本国王」の該当者が誰かという点と、ザビエルが天皇と将軍を「国王」としてどのように認識していたのかという点とはまったく別次元の問題であり、明確に区別して検討する必要がある。本書で明らかにしたいのは後者である。ザビエルが天皇・将軍を「日本国王」としてどのように認識していたのかを探ることで、イエズス会の「日本国王」像が見えてくると考えている。

来日後にザビエルは勘合貿易に関する情報を得てはいるが、実際は勘合貿易の権益は大名大内氏が握っており、それもザビエルが来日する二年前の一五四七年を最後に、勘合貿易は結果的に幕を閉じた。ザビエルは、ここまで正確な情報を得ていたわけではなく、勘合貿易が室町幕府の手によって行われていた頃の話を聞いたのであろう。このことからイエズス会の勘合貿易の情報は天皇ではなく、将軍についての話題であったと歴史研究者が理解するのは自然である。しかしながら、ザビエルはこの情報を「御所」といった将軍と特定できる文言で伝えてはおらず、あくまで「日本国王」の情報として伝えている点を見逃してはならない。来日後のザビエル書翰から明らかになるのは、「日本国王」が関係している事柄の一つに、勘合貿易に関する情報が新たに追加されたということにすぎない。ザビエルはあくまで「日本国王」の情報として入手したのである。もし「国王」を将軍に改めたならば、ザビエルは「日本国王」が「王」と「御所」の両者を指すという認識をもっていたのであるから、「御所」に限定するような文言が使われるはずである。それをしないということは、ザビエルは「国王」に対する認識を改めていないことになるのではないだろうか。

入京後の天皇・将軍

「日本国王」を将軍に限定できないもう一点の理由は、ザビエルが入京した後の、彼の書翰に記された「国王」観からである。

ザビエルが入京した後、「国王」の該当者が天皇もしくは将軍を指す事例は少なく、一五五二年一月二十九日付、コチン発、ヨーロッパのイエズス会員宛ザビエル書翰に、二ヵ所みられる程度である。これは、コチンにいるザビエルが日本で布教していた時のことを回想した場面で登場する。

【史料2】

①彼等〔日本人〕は唯一人の国王を戴いている人々ですが、彼等が彼に従わなくなってから一五〇年以上になります。そしてこのために、彼等の間に戦争が絶えません。……②〔ザビエルらは〕都に到着したのち、私達は数日間滞在しました。私達は、デウスの教えをその国〔日本〕で説教するための許可を請願するために、国王と話そうと努力しました。私達は彼と話すことはできませんでした。そして、彼にはその臣民達が服従していないという情報を得ましたので、私達はその国で説教をする許可を彼に請願することに固執することをやめました。（『書翰』四七号）

【史料2①】は唯一人の「国王」に従わなくなってから、一五〇年以上経つとある。書翰の日付から一五〇年以上を遡ると、南北朝から足利義満の時代になる。足利義満の時代で将軍に従わないとは考えられないので、この頃「国王」に従わなくなったというのは、天皇に関する内容であることが判明する。

【史料２②】はザビエルが都に着いた後、都で「国王」に会おうとした内容であるが、これは天皇しか考えられない。この時、ザビエルが入京する半年ほど前に、前将軍義晴は近江国穴太《あのう》で亡くなっている。将軍足利義輝は中尾から近江国坂本へ退き、次いで近江国堅田に移り、天文二十年二月十日には近江国朽木に移った。したがって、義輝は京都にはいない。そのため、同書翰の「国王」はいずれも天皇を指していると考えられる。

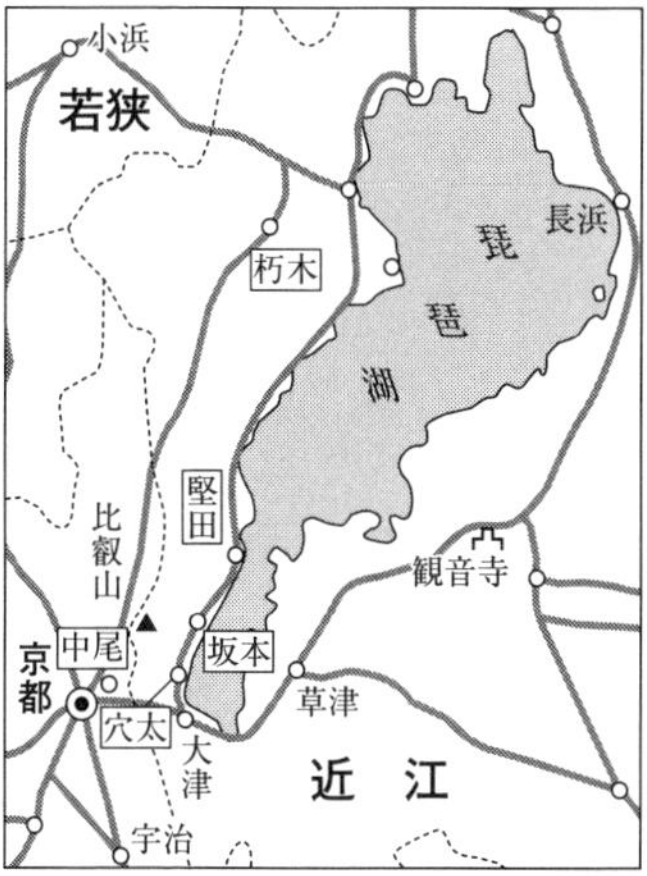

図５　琵琶湖周辺図（前掲『日本の歴史15　織豊政権と江戸幕府』より作成）

なお、ザビエル没後のことであるが、一五五四年、ゴア発、ポルトガルのイエズス会員宛ペドロ・デ・アルカソヴァ書翰にも、天皇を指すと考えられる「国王」の事例がある。これは、ザビエルが京都を訪れた時に得られた情報であり、「都の国王」が足を洗った盥《たらい》を神聖なものとして頭に被る行為を目撃したこと、

「国王」は神聖ではなくなるために足を地面につけないということを伝え聞いたこと、「国王」を偶像の霊魂が見張りをしていることなど、「国王」の呪術的行為を伝えている。

この書翰の「国王」があきらかに天皇を指していることは、同書翰に「パードレ・メストレ・フランシスコ［ザビエル］がこの土地にいた時、都から一個の盥をもってきた人が到着しました。人びとは（彼等が聖者と見做している）都の国王がそれで足を洗った、と言っていました」（『書翰』八三号）と書かれているからである。ザビエルが京都で体験した際の「国王」は、在京している天皇しかありえない。

将軍訪問計画の可能性

ザビエルが入京した時、後奈良天皇に会おうとしたが、実現には至らなかったことはすでに述べた。では、ザビエルが訪問しようとした「国王」は、天皇だけだったのであろうか。

もしザビエルが来日した後に、将軍を重視していたならば、はるか日本、そして京都までやって来たのだから、もう少し足を延ばして近江国にいる将軍足利義輝のところまで赴いてもよかった。今回の入京が清水紘一氏の言うところの「検分《けんぶん》」（予備調査）であったとしても、将軍訪問を試みてよい。

ザビエルが在京していない将軍に会おうとした記載は、イエズス会書翰にはまったく見られないが、フロイス『日本史』に将軍に関係する記事が書かれているので検証したい。

司祭［ザビエル］は、全日本の首府であるこの（都の—引用史料中の（　）は『フロイス「日本史」』の訳者による）町に着いて、その地は自らの目的［日本国王訪問と京都布教］（を遂げるのに）必要と思われる状態にはないことを見出した。すなわち、すべては戦乱で（様相）を変えており、公方様［足利義輝］は数人の主要な領主《セニョール》を伴って郊外に（逃れて）いた。そこで司祭は、自分をもてなしてくれることになっていた宿主に一通の（紹介）状を手渡したところ、その人はさっそく翌日、（司祭）に一人の従者を伴わせて、そこから十八ないし二十レグア［一レグアは約五・五五キロメートルだが、松田氏は日本の「里」とすべきとする］距《へだ》たったところに住んでいる婿の家へ彼を遣わした。

その道中では、若者たちや出会った賤《いや》しい民衆が一行に向かって叫んだり、爆笑し誹謗したりした。また子供たちは街路に走り出て、同じことをし、一行を嘲《あざけ》り笑った。

司祭［ザビエル］は（紹介先の）人物の家には滞在せず、都に戻って来て、全日本の最高の国王である王［後奈良天皇］を訪問できはしまいかと試みた。（『フロイス「日本史」』第一部四章〈原典の章番号。以下同様。訳本の章番号などについては、巻末の解説を参照していただきたい〉）

ザビエル入京時の将軍に関する情報であるが、ザビエルが入京した時、将軍は家臣を伴って郊外に逃れていたとする。事実、前述したように、将軍足利義輝は近江におり京都にいない。したがって、フロイス『日本史』の内容に誤りがあるわけではない。ただ、フロイス『日本史』に書かれた内容を当時のものとして信用するには、十分な史料批判が必要である。

まず、これに該当するザビエル書翰が現存しない点である。無論、何らかの理由により現存しなかったことは十分に考えられる。それゆえ、書翰が存在しないからといって、『日本史』の記述を否定するつもりはない。しかし、ザビエルが入京した後の書翰にも、ザビエルが京都に滞在していた頃の京都の様子や天皇に関する記載はあっても、将軍についての記載はない。このため、ザビエルがこの時将軍を重視していたと考えることには慎重にならなければならない。

加えて、フロイス『日本史』の「公方様」という語句は無視できない。『日本史』の執筆者フロイスは将軍を「公方」や「公方様」と表記していることから（この点については後述）、『日本史』を読む限り、違和感のある文言ではない。しかし、ザビエルが布教した当時に「公方」という事例は管見にふれない。この時期の将軍に対する表記は、すでに述べてきた「御所」である。「公方」という表記は、イエズス会による畿内布教が本格化した永禄年間（初見は、一五五九年九月一日付、日本発、ゴアのイエズス会員宛ガスパル・ヴィレラ書翰〈『書翰』一一九号〉から出てくる表記である。したがって、この部分は、フロイ

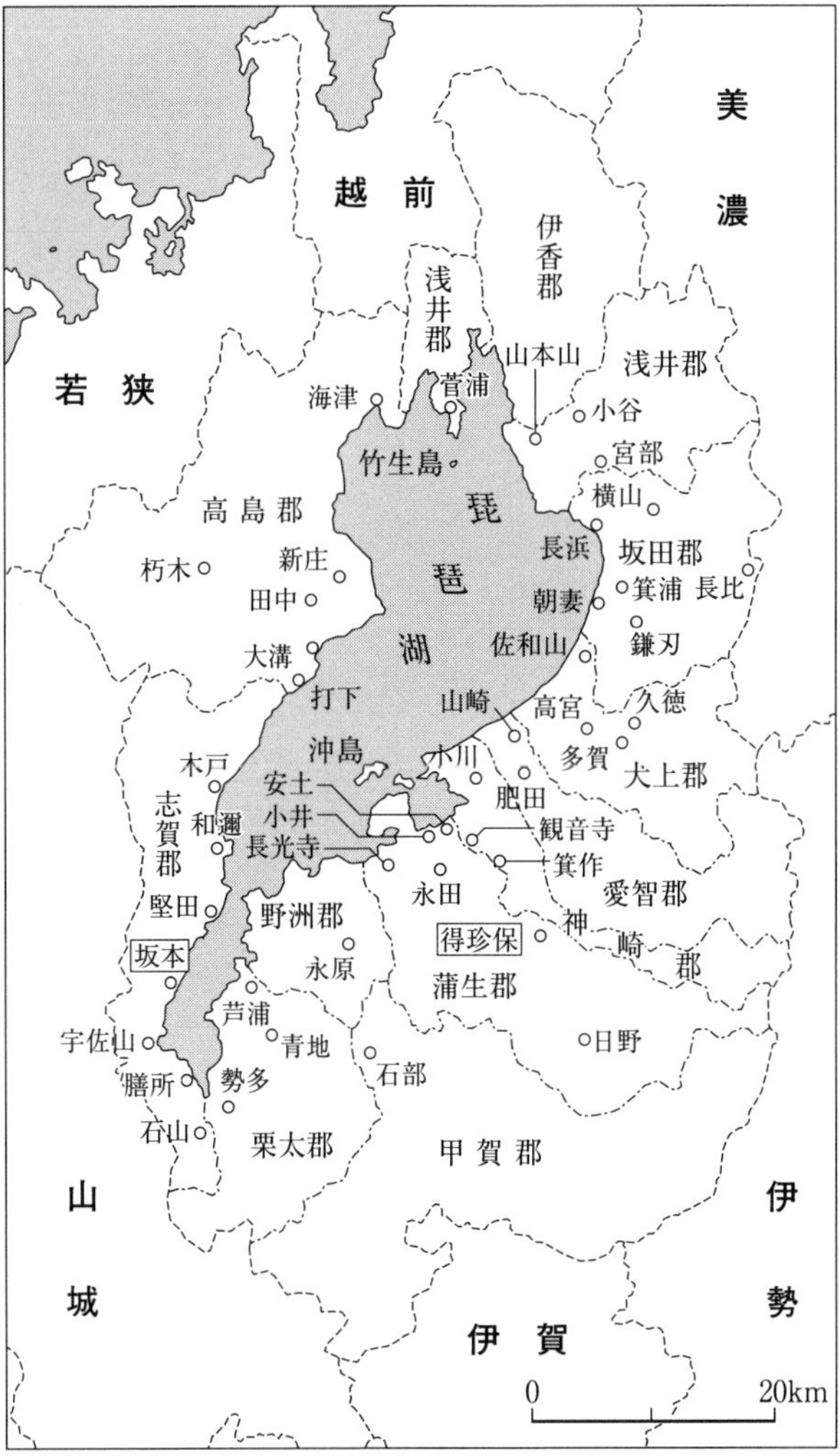

図6　紹介先の場所（谷口克広『信長軍の司令官』中央公論新社，2005年より作成）

スが『日本史』を執筆する段階で聞き知った情報をもとに加筆した可能性が十分に認められるのである。

内容から考えてみても、ザビエルが将軍訪問を目的として、近江に出向いた論拠とするには不十分さが残る。都で紹介を受けた家というのが、そこから一八ないし二〇レグア離れたところにあるというが、その家への訪問が将軍訪問に関係していたとするには不確定な要素が多い。シュールハンメル氏は、この家が近江国坂本にあったとするが、松田毅一氏はこれを否定する。松田氏はこの紹介状が比叡山《ひえいざん》に登るためのものとして、延暦寺《えんりやくじ》の寺領であった近江国得珍保《とくちんほ》とした（『フロイス「日本史」』3、第一章注）。しかし、両説ともに地名の比定については確証が得られていない。したがって、ザビエルが将軍を訪問しようとしたことは、現時点では史料上確認できない。

「日本国王」観の変遷

「日本国王」の該当者という視点から見ていくと、来日後の勘合貿易に関する情報があることから、ザビエルが来日してから将軍に関する情報を得ていたことは確かである。しかしながら、ザビエルが日本布教前から離日まで書き認めた一連の書翰を読んでいくと、来日後から入京までの間だけ、「日本国王」を将軍と考えるのは、あまりに不自然である。それでは、書翰の受取手の宣教師が理解できるとは到底思えない。もしザビエルが「日本国王」を改めたならば、ザビエルは書翰でそれを明確にして発信するであろうが、実際はそういった説明が記された書翰はない。たとえば、ザビエルが入京した後の彼の書翰では、「彼〔天皇〕にはその臣民達が服従していない」とか、「その地〔京都〕は〔宣教する〕状況にない」という記述があり、ザビエルは天皇と京都に失望したことがはっきりと表されている。また、畿内布教が本格化した後の一五六〇年六月二日付、都発、ゴアのアントニオ・デ・クアドロス宛（エヴォラ版では豊後のイエズス会員宛となっている）ロレンソ書翰には、「彼ら〔日本人〕が王と呼ぶ主たる国王は尊位しか有しておりませんが、この御所は命令権を有しております」（『書翰』一三一号）と、天皇と将軍を明確に区別して説明している。ロレンソは日本人であり、日本事情を理解している人物である。その彼が同僚のイエズス会宣教師にわざわざ天皇と将軍を区別しながら説明したのは、受取手の宣教師はそれまで天皇と将軍を明確に区別して認識していなかったからにほかならない。

このことから、永禄年間の畿内布教段階になって、イエズス会はようやく天皇と将軍を区別して捉えるようになったことがわかる。そして、ザビエル来日前から入京後までの「日本国王」は、やはり天皇と将軍を念頭に置いていたのである。

個々の文脈から「国王」が示す対象と、ザビエルが認識した「国王」の対象は区別して考える必要がある。「国王」の該当者という視点で読んだ場合、将軍に関する情報であったとしても、ザビエルは将軍の情報と認識したわけではなく、あくまで「日本国王」の情報として受け取ったにすぎない。これらの点から、将軍を重視して「日本国王」を捉えるという説には疑問をもたざるを得ない。

ただ一人の国王

そうなると、解決しなければいけない問題を一つ残している。「日本国王」は天皇と将軍を指しているのに、原文の「レイ rei」は複数形ではない点である。スペインでは、アラゴン王フェルナンドとカスティーリャ女王イサベル夫妻による共同統治が行われていたこともあり、カトリック両王として「国王（レイ）（スペイン語は rey と表記）」は複数形で表記されていた。これに対して「日本国王」は単数形で記されている。このことから、スペインのような共同統治による国家形態とは異なるものであると、ザビエルは判断したものと考えられる。

ランチロットの日本報告によれば、天皇が「最高の国王」で、その天皇から全責任を委ねられたのが、これまた「最高の国王」である将軍というものであった。ただし、この報告書の冒頭には日本の全土が一人の「国王」によって支配されているとあり、その「国王」は「王」と呼ばれる人物であると記されている。また、一五五五年一月二十九日付、ザビエル書翰には、「彼等は唯一人の国王を戴いている人々ですが、彼等が彼に従わなくなってから一五〇年以上になります」との記述がある（前述の【史料2①】）。すでに説明したように、「唯一人の国王」は天皇でしかあり得ない。このことから、ザビエルは天皇と将軍を「日本国王」と認識していたが、一人の「国王」といえば天皇を指していたことが判明するのである。

つまり、日本の「国王」に関する情報が誰を指しているのかという視点で読み解けば、該当者は将軍になるケースもある。ザビエル来日後の鹿児島発書翰がまさにそれであった。しかし、ザビエルの認識のうえでは、それも「日本国王」の情報であり、天皇か将軍かは厳密には区別して捉えていなかった。それは、ザビエルがランチロットの日本報告から得た情報を受け、そこには天皇と将軍の序列がはっきりと記されているからであった。よって、イエズス会は天皇と将軍をともに「日本国王」と捉えているが、ただ一人の「国王」と強調した場合には天皇を指すことがわかるのである。

日本の「国王」とは

「国王」の該当者の変化

ザビエルによって日本布教が計画され、実行に移されていく頃、イエズス会は日本だけでなく、東アジアおよびその周辺を布教するべく、中国やビルマ（ミャンマー）、シャム（タイ）、カンボジア、琉球などの情報も伝えている。それらの国々に対しても権力者に「国王（レイ）」という語句を使用しているが、それはまさに文字通り各国の国王を指している。これに対して、日本での事例は、「国王」の該当者が一つに定まっていない。すでに述べてきたように、ランチロットの日本報告をもとに、イエズス会は日本の「国王」は天皇・将軍という認識をもっていた。その「国王」の該当者が大きく変わったのであるから、日本布教が行われるなかで、イエズス会は「国王」に対する認識を改めたことが読み取れる。

そこで、東京大学史料編纂所編『日本関係海外史料　イエズス会日本書翰集』原文編を利用して「国王（レイ）」を抽出し、史料番号・発信日・発信者・発信地・該当者数を表3にまとめた。

表3を見ていくと、ランチロットの日本報告以降、「国王」といえば天皇あるいは将軍を指していた。ところが、№13の一五五一年一月十六日付、コチン発、ポルトガル国王宛ドン・アフォンソ・デ・ノローニャ書翰（『書翰』三九号）では、「国王」の該当者が戦国大名へと変わっている。ただし、№13の書翰は、発信地がコチンであることや、発信者のドン・アフォンソ・デ・ノローニャが日本渡航者でないという問題がある。また、内容もマラッカから届いた「ある人物」からの手紙をもとに書き記したものであり、正確さという点を考えると、この書翰は検討対象から外すべきである。そこで、日本発信のイエズス会宣教師が書いた書翰から見ていくと、№15の書翰から「国王」の該当者が変化することが認められる。№15の書翰は一五五一年十月二十日付、山口発、豊後のフランシスコ・ザビエル宛コスメ・デ・トルレス書翰（『書翰』四二号）であるので、この書翰が出される前に、「国王」の該当者を改める出来事があったと考えられる。

発信地	該当者		
	天皇・将軍	大名	不明
ゴア	3		
ゴア	1		
コチン	1		
コチン	1		
コチン	1		
コチン	1		
マラッカ	1		
マラッカ	1		
マラッカ	2		
鹿児島	5		
鹿児島	1		
鹿児島	4		
コチン		1	
山口			1
山口		2	
山口		2	
山口		3	
コチン		1	
コチン	2		
ゴア		1	
山口		1	
ゴア・コチン間		13	
マラッカ		4	
マラッカ		4	
マラッカ			1
ゴア		9	
		2	
ゴア		10	
ゴア	6	28	

ザビエルの「国王」認識の変化

ザビエルの「日本国王」観は、天皇と将軍をそれぞれ「最高の国王」とし、戦国大名は「領主」や「太守」と表記し、両者を明確に分けて理解していた。日本は天皇と将軍が治める国であり、各地域は大名が治めるとの認識であった。だからこそ、ザビエルは「日本国王」である天皇・将軍に会い、彼らから布教許可を求め、一気に日本人をキリシタンに改宗しようと考えていたのである。

この布教方針のもと、ザビエルは同僚を伴い、天文十八年（一五四九）鹿児島に到着し、一年ほど滞在した後、平戸《ひらど》と山口を経て京都に到着した。しかし、京都はあまりに荒れ果

表3 「国王（rei）」の該当者

No.	史料番号	発信日	発信者
1	6号	1548年夏	ニコラオ・ランチロット
2	7号	1548年夏	ニコラオ・ランチロット
3	15号	1549年1月12日	フランシスコ・ザビエル
4	16号	1549年1月14日	フランシスコ・ザビエル
5	18号	1549年1月20日	フランシスコ・ザビエル
6	21号	1549年2月2日	フランシスコ・ザビエル
7	23号	1549年6月20日	フランシスコ・ザビエル
8	24号	1549年6月20日	フランシスコ・ザビエル
9	25号	1549年6月22日	フランシスコ・ザビエル
10	29号	1549年11月5日	フランシスコ・ザビエル
11	32号	1549年11月5日	フランシスコ・ザビエル
12	33号	1549年11月5日	フランシスコ・ザビエル
13	39号	1551年1月16日	ドン・アフォンソ・デ・ノローニャ
14	41号	1551年9月29日	コスメ・デ・トルレス
15	42号	1551年10月20日	コスメ・デ・トルレス
16	43号	1551年10月20日	ジョアン・フェルナンデス
17	43A号	1551年10月20日	ジョアン・フェルナンデス
18	46号	1552年1月27日	ドン・アフォンソ・デ・ノローニャ
19	47号	1552年1月29日	フランシスコ・ザビエル
20	55号	1552年4月8日	フランシスコ・ザビエル
21	補遺2号	1552年9月16日	大内義長
22	77号	1554年5月	メルシオール・ヌーネス・バレト
23	79号	1554年12月3日	メルシオール・ヌーネス・バレト
24	80号	1554年12月3日	メルシオール・ヌーネス・バレト
25	81号	1554年12月5日	フェルナン・メンデス・ピント
26	82号	1554年12月23日	アイレス・ブランダン
27	82A号	1554年12月23日	アイレス・ブランダン
28	82B号	1554年12月23日	アイレス・ブランダン
29	83号	1554年	ペドロ・デ・アルカソヴァ

発信地	該当者		
	天皇・将軍	大名	不明
豊後		7	
平戸		1	
平戸		2	1
平戸		1	
マカオ		3	
マカオ		1	
マラッカ		2	
マラッカ		2	
ゴア		1	
平戸		26	
豊後		8	
豊後		23	
ゴア		1	
コチン		15	
コチン	2	1	2
豊後		5	
豊後		2	
豊後		2	
豊後		7	
豊後		6	
豊後		2	
豊後		4	
豊後		2	

成。

とした。
め不明とした。

てており、天皇と将軍は日本の「最高の国王」とは到底いえない存在であった。ザビエルは一〇日ほどで京都を離れ、山口を拠点として日本布教を行った。その前に、ザビエルはいったん平戸へ戻っており、その記録が表3No.14の書翰の一五五一年九月二十九日付、山口発、インドのイエズス会員宛コスメ・デ・トルレス書翰（『書翰』四一号）で確認できる。書翰の発信者であるトルレスは、ザビエルとともに来日したイエズス会宣教師であり、ザビエルが日本を離れた後は、日本上長（布教長）になった人物である。そのため、彼は日本の権力者に対して、ザビエルと同じ見解をもっていたに違いない。そのトルレスが一五

No.	史料番号	発　信　日	発　　信　　者
30	88号	1555年9月10日	ドゥアルテ・ダ・シルヴァ
31	91号	1555年9月23日	バルタザール・ガーゴ
32	92号	1555年9月23日	バルタザール・ガーゴ
33	93号	1555年10月16日	松浦隆信
34	95号	1555年11月23日	メルシオール・ヌーネス・バレト
35	96号	1555年11月27日	メルシオール・ヌーネス・バレト
36	99号	1555年12月15日	ルイス・フロイス
37	101号	1556年1月7日	ルイス・フロイス
38	105号	1556年11月19日	アイレス・ブランダン
39	106号	1557年10月29日	ガスパル・ヴィレラ
40	107号	1557年11月1日	ルイス・デ・アルメイダ
41	108号	1557年11月7日	コスメ・デ・トルレス
42	109号	1557年11月30日	ルイス・フロイス
43	112号	1558年1月10日	メルシオール・ヌーネス・バレト
44	113号	1558年1月13日	メルシオール・ヌーネス・バレト
45	120号	1559年10月5日	ジョアン・フェルナンデス
46	121号	1559年10月4日	ギリェルメ・ペレイラ
47	121A号	1559年10月4日	ギリェルメ・ペレイラ
48	122号	1559年11月1日	バルタザール・ガーゴ
49	122A号	1559年11月1日	バルタザール・ガーゴ
50	125A号	1559年11月20日	ルイス・デ・アルメイダ
51	127号	1559年11月	ルイス・デ・アルメイダ
52	127A号	1559年11月	ルイス・デ・アルメイダ

※東京大学史料編纂所編『日本関係海外史料　イエズス会日本書翰集』より作
※No.14は、日本の国王を指すが誰と特定したものではないため不明とした。
※No.25は、天皇か大名であると思われるが、どちらか判然としないため不明
※No.32は、仏教批判の記事で使われているが、現実の国王を指していないた
※No.44は、単なる統治者として使われた用例なので、不明とした。

表4　イエズス会日本上長（布教長）一覧

上長	1549-1551	フランシスコ・ザビエル
上長	1551-1570	コスメ・デ・トルレス
上長	1570-1580	フランシスコ・カブラル
準管区長	1581-1590	ガスパル・コエリョ
準管区長	1590-1600	ペドロ・ゴメス
準管区長	1600-1611	フランシスコ・パジオ
管区長	1611-1617	ヴァレンティン・カルヴァーリョ
管区長	1617-1621	マテウス・デ・コウロス
管区長	1621-1626	フランシスコ・パチェコ
管区長	1626-1633	マテウス・デ・コウロス

五一年十月二十日付、山口発、豊後のフランシスコ・ザビエル宛書翰（表3№15『書翰』四二号）で、「国王」の該当者を改めたのであるから、それはすなわちザビエルの認識の変化と考えてよいだろう。

そのトルレス書翰に書かれた内容は、ザビエル入京以後のものであることから、「国王」の該当者が変化したのは、ザビエルの入京がきっかけであることは明らかである。これまで、日本キリシタン史という布教史の観点から、ザビエルは入京すると天皇や将軍の非力さに失望したと説明されてきた。それに加えて、「国王」の使用例の変化からも同じことが確認できるのである。これに伴い、「領主（セニョール）」の該当者も大名から大名家臣や地域領主に用いられる事例が増えていく。

都の国王

「国王」の該当者が、ザビエルの入京をきっかけとして変化することを明らかにしたが、ザビエル入京後も「国王」の該当者が天皇・将軍を指す事例が三通あるので、それらが例外にあたるのか否かを検証していくことにしたい。

一通目は、表３№19の一五五二年一月二十九日付、ザビエル書翰（『書翰』四七号）で前掲の【史料２①②】である。この史料については検証済みなので繰り返さないが、過去の話とザビエルの京都滞在時の回想録であるので、ともに例外にはあたらない。

もう一通は、表３№29の一五五四年付、ポルトガルのイエズス会員宛ペドロ・デ・アルカソヴァ書翰（『書翰』八三号）である。この書翰はゴアから発信されたものだが、すでに同地から発信されたほかのイエズス会書翰では、「国王」の該当者がすでに戦国大名に改められている。そのため、ペドロ・デ・アルカソヴァだけが新しい日本事情を得ていなかったとは考えにくい。

そこで、当該箇所を読んでいくと、天皇を指す「国王」の事例が、「都の国王」と場所を特定し、天皇について呪術的な説明が記されるなど、ザビエルが入京した以前の記載とは内容があきらかに異なっていることがわかる。このことから、ペドロ・デ・アルカソヴァ書翰は、イエズス会の天皇に関する新たな理解を示しているものと考えられる。また、三通目の表３№44の書翰も同様に「都の国王」となっている（『書翰』一一三号。ただし同書は「君主」と訳されている）。

コスメ・デ・トルレスはイエズス会の日本上長として日本布教を行い、ロレンソを比叡山に派遣して京都布教の可能性を模索していた時期でもあった。そのため、畿内の情報が伝えられるとともに、天皇に関する記事が登場したのである。しかも、その表記はザビエル入京前に書かれた「日本国王」や「最高の国王」ではなく、「都の国王」となっていた。これは天皇が日本全国を治める日本国王という認識を改め、都地方に限定した一領国の国王と理解されたことを意味するのである。この時期に日本で布教活動にあたった宣教師は、天皇は日本にいる一大名と同等の権力しか有していないとの認識に至ったというわけである。

日本の「国王」達

では、ザビエル入京以後、イエズス会は誰を「日本国王」と認識したのだろうか。ザビエルは大友義鎮《おおともよししげ》（宗麟《そうりん》）に招かれて豊後《ぶんご》に赴いた後、日本布教をトルレスに任せて、日本を後にした。

その後、イエズス会はコスメ・デ・トルレスを中心に、山口や九州北部で布教活動を続けていた。この時の日本の「国王」は、「山口の国王」とか「豊後の国王」、「都の国王」といったように、各地域の「国王」という表記に限られていた。ところが、一五五四年五月付、ゴア・コチン間発、イグナティウス・デ・ロヨラ宛メルシオール・ヌーネス・バレト書翰（『書翰』七七号）から、大名に対して「日本国王」という表記が使用され始める。「日本国王」は、原文では「日本の国王」とも訳すことが可能である。そこで、「日本国王」がザビエルの来日前に書かれていた日本の「最高の国王」という意味で用いられているのか、あるいは日本にいる数ある「国王」の一人として使われているのか検討しなければならない。先のメルシオール・ヌーネス・バレト書翰から、ガスパル・ヴィレラが畿内布教を開始する永禄年間までの「日本国王」の使用例を分析すると、次の二種類に大別できる。

一つは、「日本の国王達」という事例である。これは「国王（レイ）」が複数形で表記されているものである。ザビエルの入京まで、イエズス会は天皇と将軍を「国王」と記したものの、表記は単数形であった。今回は複数形であることから、「豊後の国王」や「山口の国王」など、日本には複数の「国王」がおり、それが戦国大名であったと認識したのである。したがって、この「日本国王」は日本にいる一国王という意味で用いられている。

もう一つは、大友義鎮に対して「日本国王」を用いている事例である（一五五四年十二月二十三日付、ゴア発、ポルトガルのイエズス会員宛アイレス・ブランダン書翰〈『書翰』八二号〉）。この場合の「国王」は単数形で表記されている。しかし、同じ書翰で大内義長《おおうちよしなが》も「国王」と記し、「国王達」と複数形で記されている事例が別の箇所で確認できるので、やはりこの「日本国王」も日本の一国王として使用されたことがわかる。

つまり、この時期の「日本国王」といえば、日本国王ではなく、日本の国王であり、日本の一国王であると、イエズス会は理解していたのである。

日本国家観の変化

それでは、ザビエル入京後にイエズス会が「国王」の該当者をわざわざ改めた必要性とは何だったのであろうか。彼らは、何をもって「国王（レイ）」という語句を用いるのか考えてみたい。

ザビエルは入京するまで、ニコラオ・ランチロットの日本報告にある情報をベースにしていた。天皇はあらゆる事柄に対して絶対的な権能を有しているが、みずから誰かを裁くようなことはせず、その権限を将軍に委ねたとする。将軍はその権限である「命令権・支配権」という実質的な権力をもち、「諸領主・部将・士卒」などを束ねて政権を担っていた。これに対し、戦国大名は「公爵」や「太守」、「領主」といった理解で、「国王」とは評価されなかった。大名は天皇と将軍の臣下であるとの位置づけでしかなかったのである。

ザビエルが鹿児島に到着した時、島津貴久《しまづたかひさ》に謁見して保護を求めてはいるが、それはあくまで島津貴久が到着した鹿児島の大名であったからにすぎない。だからこそ、ザビエルは書翰で貴久には「国王」を用いず、「太守」という語句を使ったのである。来日後もザビエルの布教計画は変わっておらず、新たな情報を得ながらも、京都にいる「日本国王」すなわち天皇と将軍に会って、彼らの保護のもとキリスト教布教を優位に展開しようと考えていた。つまり、ザビエルが入京するまで、イエズス会が描く日本の権力構造は、天皇と将軍を頂点と位置づけて「日本国王」とし、戦国大名などは両者に従っているという、明確なヒエラルキー構造であったわけである。

ところが、ザビエルが実際に入京してみると、天皇と将軍はそのような絶対的な権限を有する「国王」とはほど遠い存在であり、日本の「最高の国王」ではないと評価するに至った。天皇・将軍が権力を有していたのはかつての話で、ザビエルが来日した時にはすでに失われていたと理解したのである。

「国王」の条件

その後、ザビエルは京都を離れ、山口に行って布教活動を始めた。その時のザビエルの心情がうかがえる書翰がある。一五五二年一月二十九日付、ザビエル書翰で、前述の【史料2】である。そこには、「彼等〔日本人〕が彼〔天皇〕に従わなくなってから一五〇年以上になります」とあり、武家をはじめとする日本人が、天皇の命令に従わなくなったことが記されている。もう一つは「彼〔天皇〕にはその臣民達が服従していないという情報を得ました」とあり、天皇に服従する者がなく、その支配力が欠如していることを伝えている。

ここから浮かび上がるのは、ランチロットの日本報告にあった、天皇や将軍は「命令権」や「支配権」といった絶対的な権能を有しているという表現である。イエズス会書翰を見ていくと、権力者情報にはこれらの語句がしばしば見受けられる。つまり、イエズス会は、権力者を見極める際、「命令権」、「支配権」といった実質的な権力を有しているか否かで判断していることが読み取れる。

そこで、天皇と将軍には実質的な権力が備わっていないと判断されると、日本にいる実質的な権力者は誰かとザビエルは見定めていく。残念ながら、現存するザビエル書翰に、それは記されていない。ただ、ザビエル後任の日本上長になったコスメ・デ・トルレスは書翰の中で、山口の戦国大名である大内義隆《よしたか》を「ポルトガル国王閣下以上の領地と家臣を有する大領主」（一五五一年九月二十九日付、山口発、インドのイエズス会員宛書翰〈『書翰』四一号〉）と高く評価している。また、フロイス『日本史』にも「当時日本中で最大の領主は、人々が語っている通り、既述の山口の国王［大内義隆］であることを看取し」と書かれている（『フロイス「日本史」』第一部四章）。イエズス会は、「命令権・支配権」といった実質的な権力を有する権力者は、天皇や将軍ではなく戦国大名であり、その中で日本最大の大名は大内義隆であると認識した。

戦国時代の日本は天皇・将軍が治める統一国家とは言えないと判断し、日本で最も所領を有している者を日本の最大の権力者として注目した。つまり、「国王」として必要な条件は、イエズス会の言う「命令権・支配権」を保持する実質的な権力者であり、この時期の日本は天皇や将軍ではなく、大名が「国王」であると捉えたのである。

のちの書翰であるが、永禄三年に書かれた一五六〇年六月二日付、都発、ゴアのアントニオ・デ・クアドロス宛ロレンソ書翰（『書翰』一三二号）では、「都に居住している、彼ら「日本人」が王と呼ぶ主たる国王は権威しか有しておりません」とあるように、天皇は権威しか有しておらず、命令権や支配権といった実質的な権力をもたない権力者として、ザビエルだけでなく、日本滞在のイエズス会宣教師達は認識していた。

日本布教初期の日本国家観

しかし、最大の領主で「山口の国王」と評価した大内義隆も、天文二十年（一五五一）、家臣の陶晴賢《すえはるかた》（隆房《たかふさ》）らによって襲撃され、長門《ながと》国大寧《たいねい》寺《じ》まで逃れたものの、その地で自刃《じじん》した（大寧寺の変）。翌年、晴賢は大友義鎮の弟にあたる晴英《はるひで》を招き、大内義長として家督に就けた。しかし、天文二十二年、石見《いわみ》国の吉見正頼《よしみまさより》が晴賢打倒を掲げて挙兵したのが引き金となり、天文二十三年、毛利元《もうりもと》就《なり》が晴賢に対して挙兵した。弘治元年（一五五五）、厳島《いつくしま》の戦いで元就は陶軍の背後を突いて急襲し、晴賢は自刃した。弘治三年には大内義長も長門国長福寺《ちょうふくじ》（現功山寺《こうざんじ》）で自刃し、大内氏は滅亡することになった。その後、この地は毛利が支配することになる。

このように、イエズス会は次々と権力者が変わっていく戦乱の世の中を目の当たりにした。彼らは、「国王」と位置づけた戦国大名の権力が、いかに不安定なものであるかを痛感したことだろう。そこで、イエズス会は複数の大名から布教保護を求めるようになり、豊後をはじめとして、九州北部の諸地域で布教していくことになる。複数の地域で布教活動を行うことによって、一大名が滅亡しても他地域で布教することができるという判断が働いたものと考えられる。

それとともに「国王」の表記も複数の戦国大名に用いられ、「日本の国王達」という表記が使われ始めた。そのイエズス会書翰の日付が一五五四年五月付の書翰から始まり、この年月は和暦の天文二十三年三月末から五月初頭にかけての時期にあたる。まさに山口の動乱期と、イエズス会が複数の地域での布教活動を展開する時期、そして日本には各領国を治める複数の「国王」がいると認識する時期とが合致するのである。

日本全国を統治する「日本国王」は実体としては存在せず、戦国大名が日本の一「国王」として各々の領国である「国」を統治し、そうした「国」が日本には複数存在する。これが、戦国時代の日本であるとイエズス会は認識するに至った。それはすなわち、彼らは、日本全国を統治する権力者がいない戦国期日本を統一国家とは見ずに、実質支配の及ぶ大名領国をそれぞれ「国」と認識したのであり、戦国期日本はそうした「国」が複数林立する国家であると理解したのである。

畿内布教期の権力者観・国家観

イエズス会の畿内布教

畿内布教開始頃の日本

フランシスコ・ザビエルは、来日当初「日本国王」である天皇・将軍のいる京都に赴き、「国王」からの保護を受けて、一気に日本人をキリスト教に改宗する計画であった。しかし、京都の荒廃と天皇・将軍の無力さを知って、当初の計画は挫折した。その後、コスメ・デ・トルレスに日本布教を任せて、自身は中国布教を行うべく日本を去っていった。

後任のトルレスは、ザビエルの方針を受け継ぎ、山口に滞在して同地と九州北部を中心に布教活動を行っていった。その後、畿内布教の足がかりを得たことで、トルレスはガスパル・ヴィレラを畿内に派遣して、永禄二年（一五五九）京都布教が始まった。京都布教について話をしていく前に、この頃の畿内情勢を見ていきたい。

表５　畿内情勢略年表（永禄年間頃）

天文19年(1551)	11～12月頃	ザビエル、京都に到着(1551年１月頃)
天文21年(1552)	１月28日	足利義輝、三好長慶と和睦し帰京。
天文22年(1553)	３月８日	義輝、長慶との和睦が破れ、山城霊山城に入る
	８月	長慶、霊山城を攻略、義輝は近江朽木に退く
弘治３年(1557)	９月５日	後奈良天皇崩御、正親町天皇践祚
永禄元年(1558)	６月２日	石成友通が山城勝軍地蔵山に陣
	６月８日	三好長逸・松永久秀が義輝と山城如意岳で戦う
	６月９日	長逸らが山城勝軍山城を出、義輝と白川口で戦う
	11月27日	義輝、六角義賢の斡旋で長慶と和睦、入京
永禄２年(1559)	9月末～10月初め頃	ガスパル・ヴィレラ、京都布教開始(1559年10月末～11月初め頃)
永禄３年(1560)	１月27日	長慶、正親町天皇の即位式に祇候し、警固役を勤める
	10月	長慶、河内飯盛山・高屋両城を攻略し、河内を版図に加える
	11月13日	長慶、飯盛山城に入り居城とする
	11月	久秀、信貴山城入城。大和支配の拠点とする
永禄５年(1562)	３月５日	久米田の戦い。三好義賢、和泉久米田で畠山高政らと戦い敗死
	５月20日	教興寺の戦い。長慶、河内教興寺で高政らを破る
永禄６年(1563)	３月１日	晴元が摂津普門寺で死去する
	８月25日	三好義興が芥川山城で死去する
	12月20日	細川氏綱が山城淀城で死去する
	閏12月14日	久秀が松永久通に家督を譲る
永禄７年(1564)	５月９日	長慶、弟安宅冬康を飯盛山城で誘殺
	７月４日	長慶、河内飯盛山城で死去する
永禄８年(1565)	５月19日	永禄の変。三好義継・松永久通ら、室町御所を襲撃し、義輝を討つ
	７月５日	義継の奏請により、イエズス会宣教師の京都追放の女房奉書が出る

	7月末	一乗院覚慶（足利義昭）、近江に逃れる
	11月15日	三好三人衆、義継を擁して久秀と絶つ
永禄11年	2月8日	足利義栄に将軍宣下
（1568）	9月26日	織田信長、義昭を奉じて入京、三好三人衆は京都を退く
	10月18日	義昭に将軍宣下
永禄12年（1569）	1月5日	三好三人衆、入京して義昭を本圀寺に囲む

ザビエルが入京した天文十九年十一～十二月頃（一五五一年一月頃）、将軍足利義輝《あしかがよしてる》は近江《おうみ》国におり、京都は三好長慶《みよしながよし》が実権を握っていた。天文二十一年（一五五二）一月、近江の大名六角定《ろっかくさだ》頼《より》が死去すると、家督を継いだ六角義賢《よしかた》（承禎《じょうてい》）は義輝と長慶を調停し、和睦《わぼく》が成立した。これにより、一月二十八日、義輝は京都に戻った。長慶方の細川氏綱《ほそかわうじつな》は京兆家《けいちょうけ》の家督《かとく》として正式に認められ、三好長慶は奉公衆《ほうこうしゅう》となった。しかし、この和平は一時的なものにすぎず、天文二十二年三月に義輝は細川晴元《はるもと》ら反長慶派を頼り、再び長慶と対立して山城《やましろ》国霊山城《りょうぜんじょう》に入った。八月、長慶は義輝の立て籠もる霊山城を攻略し、義輝は近江に逃れ、再び朽木《くつき》に退いた。以後、義輝は五年以上京都に戻ることはなかった。

天皇は後奈良《ごなら》天皇から正親町《おおぎまち》天皇に代わっている。弘治三年（一五五七）九月五日、後奈良天皇が崩御したのち、正親町天皇が践祚《せんそ》した。それに伴い、弘治から永禄への改元が行われた。この改元のやりとりは朝廷と長慶の間で行われたようで、朽木にい

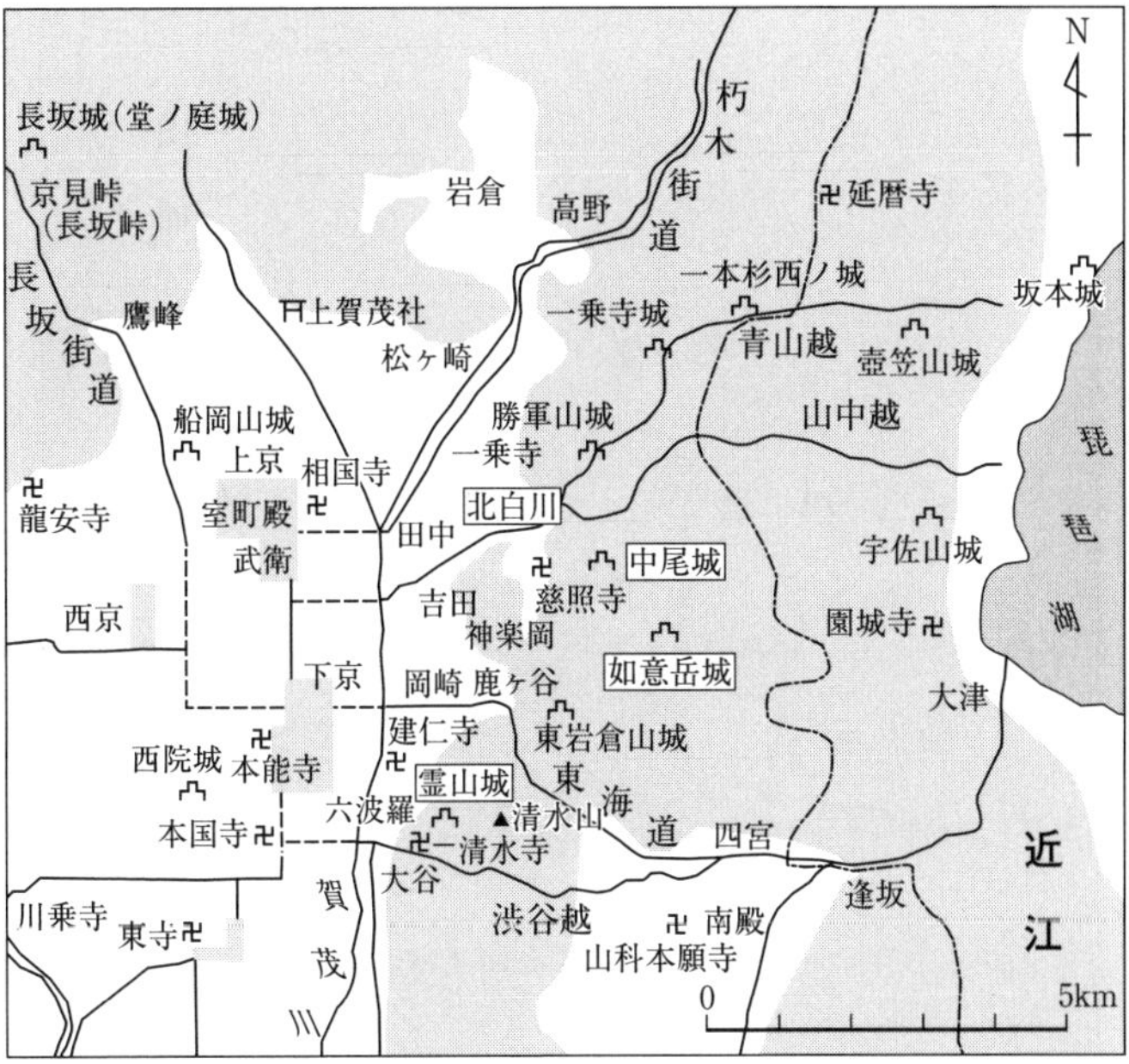

図７　京都周辺地図（天野忠幸『三好長慶』ミネルヴァ書房, 2014年より作成）

た義輝はまったく知らされていなかった。永禄三年一月になって、ようやく紫宸殿《ししんでん》で正親町天皇の即位式が行われるが、その時長慶が式の警固《けいご》を行っている。正親町天皇は将軍足利義輝よりも三好長慶の方に重きを置いていたことがうかがえる。

　しかしながら、将軍が改元に関して知らされないということは通常ない。そのため、義輝はこのことに激怒し、五年ぶりに京都を取り返すべく兵を挙げた。義輝は如意嶽《によいがだけ》や白川口《しらかわぐち》で戦うが、長慶方の勝利に終わり、その後は小競り合いが続いた。義輝方

図8　河内周辺地図（拙稿「河内の領主池田教正・三箇頼照」『キリシタン大名』宮帯出版社，2017年より作成）

の六角義賢が長慶との和睦を模索したことにより、十一月には両者は和睦し、義輝は京都に戻ることになった。ガスパル・ヴィレラが入京したのは、ちょうどこの頃の永禄二年であった。その後、長慶は河内《かわち》・大和《やまと》を版図に加えたが、永禄四年には反長慶派の六角義賢と畠山高政《はたけやまたかまさ》が手を結んで三好方と戦い、永禄五年三月和泉《いずみ》国久米田《くめだ》の戦いで三好義賢《よしかた》（実休《じっきゅう》）が高政によって討死し、六角義賢が京都を占拠した。五月に入ると、三好方の反攻が始まり、二十日、河内国教興寺《きょうこうじ》の戦いで畠山軍を破り、六角義賢も京都から近江に戻った。

しかし、三好氏はここから崩れ始める。永禄六年八月、長慶の嫡子義興《よしおき》が病死し、十河《そごう》一存《かずまさ》の子三好義継《よしつぐ》が三好宗家《そうけ》の嗣子《しし》となった。十二月には、長慶が擁した細川氏綱が山城国淀城《よどじょう》で死去した。永禄七年五月、長慶の弟安宅冬康《あたぎふゆやす》が飯盛山城《いいもりやまじょう》で長慶によって誅殺《ちゅうさつ》された。七月には、当主の三好長慶が飯盛山城下で病死し、義継が三好宗家を継いだ。長慶が亡くなると、三好宗家への求心力が失われ、三好氏は分裂していくことになった。

ガスパル・ヴィレラの比叡山訪問

コスメ・デ・トルレスは、ジョアン・フェルナンデスと天文二十年（一五五一）から弘治二年（一五五六）まで山口に滞在し、布教活動を続けた。

天文二十三年、大和国多武峰《とうのみね》のキヨゼンとセンヨウという名の仏僧が山口にやって来たことから、イエズス会は再び畿内に目を向けるようになった。二人は山口で説教を聴いてキリスト教を気に入り受洗して、キョゼンはパウロを、センヨウはベルナベを名乗った（一五五五年九月十日付、豊後《ぶんご》発、インドのイエズス会員宛ドゥアルテ・ダ・シルヴァ書翰《しょかん》）。

パウロこと多武峰の僧キョゼンは、縁のあった比叡山延暦寺《ひえいざんえんりゃくじ》を宣教師が訪問できるよう、トルレスに延暦寺への紹介状を作成した。イエズス会は比叡山の承認がなければ、京都布教は難しいとの認識をもっており、弘治二年、トルレスはまずロレンソを延暦寺に派遣し、ベルナベことセンヨウを同行させた。なお、ロレンソはイエズス会の日本布教、とりわけ畿内布教において最も貢献した肥前《ひぜん》出身の日本人である。ロレンソは、キョゼンから得た紹介状を携え、比叡山の老僧心海《しんかい》と彼の弟子大泉坊《だいせんぼう》重慶の二人に会い、京都布教の承認を得ようとした。しかし、キョゼンの書状を手渡したものの、両僧からたらい回しにされ、事が進展しないまま、ロレンソは比叡山を退去することになった（フロイス『日本史』第一部一三章）。

ロレンソが畿内から戻ってきた頃、山口の大名大内義長《おおうちよしなが》が毛利元就《もうりもとなり》の攻撃を受け、山口が危険な状況になっており、トルレスらは豊後に避難していた。弘治三年、大内義長が元就に攻められ、長門《ながと》の長福寺《ちょうふくじ》で自害し、大内氏は滅亡した。この時、山口にあった教会も焼かれている（一五五七年十月二十九日付、平戸《ひらど》発、ポルトガルのイエズス会員宛ガスパル・ヴィレラ書翰）。

永禄二年（一五五九）に、トルレスは再び畿内派遣を決め、都地方の担当にガスパル・ヴィレラを選び、先述のロレンソと同宿《どうしゅく》（修道士見習い）のダミアンが随行して比叡山に向かった。先の老僧心海は亡くなっており、大泉坊に会うことはできたものの、天台座主《てんだいざす》には取り次いでもらえず、京都布教の承認が得られることはなかった。結局、ヴィレラ達は延暦寺からの許可を得られないまま、京都に入ることにした。

足利義輝と三好長慶からの許可状

ヴィレラ達は京都で布教活動を始めたが、仏僧や宣教師を敵視する者達からの妨害に苦しめられ、居所を転々とした。しかし、堺《さかい》で会ったパウロ・イエサンというキリシタンの紹介で、建仁寺《けんにんじ》の塔頭《たっちゅう》永源庵《えいげんあん》とつながりをもつことができ、好転する（『フロイス「日本史」』第一部二二章）。その永源庵の仲介により、ヴィレラは将軍足利義輝に謁見《えっけん》することが叶《かな》った。その後も永源庵と室町幕府政所執事《まんどころしつじ》であった伊勢貞孝《いせさだたか》の力添えを得て、永禄三年（一五六〇）に将軍足利義輝から京都の居住を認める許可状が与えられた（一五六一年八月十七日付、堺発、ゴアのアントニオ・デ・クアドロス宛ガスパル・ヴィレラ書翰および『フロイス「日本史」』第一部二五章）。キリシタン史研究では、この許可状を布教許可状とする記述がしばしば見受けられる。しかし、後述するように布教許可状ではなく、また義輝がキリスト教布教に

図9　足利義輝画像（個人蔵）

図10　三好長慶画像（聚光院蔵）

対して特別便宜を図ったものでもない。この時の文書が日本側の史料にも残っているので引用する。

禁制　幾利紫旦《きりしたん》国僧　波阿伝連《ばあでれ》

一、甲乙人等乱入狼藉《ろうぜき》の事、
一、寄宿の事、付けたり悪口の事、
一、相懸くる非分課役の事、

右の条々、堅く停止せられおわんぬ、もし違犯の輩は、速やかに罪科に処せらるべ

きの由、仰せ下さるるところ也、仍って下知件の如し、

永禄三年

左衛門尉藤原（治部藤通）

対馬守平朝臣（松田盛秀）

（「室町家御内書案」『改訂史籍集覧』）

見ての通り、実際は義輝が「幾利紫旦国僧、波阿伝連」、すなわちイエズス会宣教師に宛てた禁制であった（五野井隆史『日本キリスト教史』吉川弘文館、一九九〇年）。この許可状という表現は、宣教師ヴィレラの捉え方であり、義輝が例を見ない特殊な文書をイエズス会に与えたわけではない。ヴィレラ自身も京都滞在の許可を求め、それが認められた京都居住の許可状と理解しており、これによって京都で布教が行えるとの考えであった。したがって、義輝からキリスト教の布教が許可されたということではない。むしろ、ほかの寺社に与えていた禁制と同様のものが、イエズス会にも与えられたことに、この文書の意義を求めるべきであろう。また、日本の中心である都で、権力者がキリスト教に対する姿勢をはじめて示したことも注目に値する。

その後、三好長慶からも同じような許可状を得ることができたが（『フロイス「日本史」』第一部三四章）、これも禁制であろう。こうして、武家からの承認のもと畿内布教が

本格的に展開されていく。

伴天連追放女房奉書

しかし、畿内布教が順調に進んだわけではなかった。一つは、三好長慶と反三好勢力との戦さが続き、ヴィレラはたびたび堺から京都に戻れないことがあった。もう一つは、仏僧や、キリシタンを敵視する者達による妨害が、依然として続いていたことである。とりわけ、延暦寺は反発したようで、松永久秀《まつながひさひで》に宣教師追放などを訴えた。そこで、キリスト教の教義を吟味するため、久秀は結城忠正《ゆうきただまさ》と清原枝賢《きよはらのしげかた》に詮議《せんぎ》させた。忠正は奉公衆であったが、この頃は三好長慶に仕え、久秀に属していた。枝賢《えだかた》は明経博士《みようぎようはかせ》であった名儒《めいじゆ》であり、久秀から重用されていた。久秀はこの二人にキリスト教の教義を論破させようとしたのであろう。ところが、二人はロレンソ修道士の説教を聴き、キリスト教の教義に満足して受洗してしまった（一五六四年十月九日付、平戸発、マカオの一司祭宛ジョアン・フェルナンデス書翰）。これが大きな流れとなり、河内地方では領主達が次々に洗礼を受け、河内はキリシタンの一大拠点となった（拙稿「河内の領主　池田教正・三箇頼照」五野井隆史監修『キリシタン大名—布教・政策・信仰の実相—』宮帯出版社、二〇一七年）。

しかし、永禄七年（一五六四）には三好長慶が病死し、翌八年五月には三好義継が三好長逸《ながやす》、松永久通《ひさみち》とともに足利義輝を殺害した（永禄の変）。なお、松永久秀は長いこと義輝殺害の首謀者との扱いを受けてきたが、義輝殺害には加わってはおらず、むしろ義輝殺害後には弟の足利義昭《よしあき》を保護しようとしており、義継らとは考えを異にしていたようである（天野忠幸『松永久秀と下剋上―室町の身分秩序を覆す―』平凡社、二〇一八年）。

　これにより、イエズス会は後ろ盾を失うことになった。長慶の死は秘されていたことから、イエズス会がそのことを知っていたかどうかは定かではないが、永禄の変の混乱は彼らを大いに動揺させたことだろう。

　激震はこれにとどまらず、今度は正親町天皇が伴天連《ばてれん》追放の女房奉書《にょうぼうほうしょ》を発した。『言継《ときつぐ》卿記《きょうき》』の永禄八年七月五日条に記載があるので引用しよう。

　　五日、（中略）今日三好左京大夫（義継）、松永右衛門佐（久通）以下、悉《ことごと》く罷《ま》かり下ると云々、今日左京大夫（義継）禁裏《きんり》に女房奉書を申し出、大うすこれを逐《お》い払《はら》うと云々、

三好義継と松永久通らが京都から下向するにあたり、義継が正親町天皇に伴天連追放の女房奉書を求めたことで発せられたことがわかる（『お湯殿上《ゆどののうえ》日記』の同日条にも同内容の記事がある）。天皇みずからの意志というよりも、義継の求めによって出された形ではあるが、宣教師の追放が天皇から明確に示されたことは、朝廷のキリスト教に対する姿勢が読み取れ、日本キリシタン史において重要な出来事であった。この結果、イエズス会は京都でさまざまな妨害を受け、ガスパル・ヴィレラは河内国飯盛へ、ルイス・フロイスは同

図11　正親町天皇（泉涌寺蔵）

国三箇《さんが》へ避難することになった。

しかしながら、永禄の変ののち、三好氏は分裂するに至った。三好三人衆（三好長逸・三好宗渭《そうい》〈政康《まさやす》〉・石成友通《いわなりともみち》）と松永久秀・久通父子が対立し、当主の三好義継は三人衆と行動をともにした。しかし、三人衆が足利義栄《よしひで》を十四代室町将軍に就ける動きが進むと、蚊帳の外に置かれる形になった義継は、三人衆のもとを離れ、松永側に移った。

このように、畿内は混迷をきわめていたが、三人衆側でイエズス会に好意的な人物達がいた。三好長逸、三好宗渭と阿波《あわ》の篠原長房《しのはらながふさ》で、彼らは宣教師を京都に復帰させようと手を尽くした（一五六七年七月八日付、堺発、ルイス・フロイス書翰）。篠原長房は、三好長慶の弟で阿波を治めた三好義賢（実休）の重臣であり、義賢の死後は三好長治《ながはる》に仕えた。また、分国法「新加制式《しんかせいしき》」を制定した人物でもある。彼ら三人の行動については、『お湯殿上日記』永禄十年八月十二日条に、「ひうか〔三好日向守長逸《ながやす》〕、しのはら〔篠原長房〕、しもつけ〔三好下野守宗謂〕、文にてはてれい（伴天連）御わひ事申」とあり、日本側の史料からも裏づけがとれる。前述の三人が宣教師の京都追放を取り消してもらうよう申し上げたのであろう。しかし、朝廷はこれを拒み、その後も篠原長房を中心に宣教師の京都復帰を試みるが、織田信長が上洛するまでそれは叶わないままであった。

畿内布教期の権力者情報

全国の権力者情報

ガスパル・ヴィレラによって畿内布教が本格化していくなかで、イエズス会の権力者観に大きな変化が生じる。

イエズス会は、ザビエルが入京した後、戦国大名を「国王」と位置づけ、各々の領国を治める実質的な権力者と判断した。そのため、イエズス会は過去に「日本国王」と考えていた天皇や将軍に関する報告はされず、山口と九州の布教状況についての報告がほとんどであった。

ところが、畿内布教が行われると、天皇と将軍が日本布教を行ううえで無視することのできない存在だとわかり、再び両者にも目を向けた情報を伝達するようになった。それに伴い、日本の情勢に関する説明も、日本全国を単位に伝達されるように変わっていった。

これはすなわち、畿内がこれまで布教してきた土地とは異なる地域であると、イエズス会が理解したからにほかならない。これまで、畿内布教の開始は日本キリシタン史において重要な出来事とみたが、イエズス会の権力者観という視点においても画期となった出来事であった。

日本全国にわたった権力者情報を伝達した書翰《しょかん》は、畿内布教開始後から永禄十一年（一五六八）に織田信長が足利義昭《あしかがよしあき》を奉じて上洛するまで数通確認できる（信長上洛後にも確認できるが、それは次章で検討する）。共通していることは、畿内が日本の中心として語られ、これまでの日本の支配者の変遷について、現時点の統治状況について述べられている点である。そのうち、代表的な書翰を見ていこう。

二通のトルレス書翰

まず、一五六一年十月八日付、豊後《ぶんご》発、インド管区長アントニオ・デ・クアドロス宛コスメ・デ・トルレス書翰である。畿内布教が始まってから、それほど経っていない時期のもので、おそらく畿内から送られた書翰などをもとに、豊後で書き認《したた》めたものと思われる。

【史料3】

この地［日本］には三人の統括者、すなわち主要な君主《セニョール》がいます。その第一にして主要な者は、座主と言い、宗教のそれで、我々がキリスト教会について言う時の、ローマ教皇のような者です。……

世俗は二人の統括者、すなわち主要な君主に分割されております。それらのうち一人は名誉〔の統括者〕、もう一人は権力、政治、司法〔の統括者〕で、これら二人の君主もまた、都に住んでいます。名誉の統括者は王と呼ばれており、世襲しています。この者は彼等の偶像の一つのようにいとも尊敬されています。人びとは彼をあまりに崇拝するので、彼は地面に足を着けることができず、もしそれを〔地に〕着けるなら、彼はその職務と権威から放逐されます。……この者〔天皇〕の職務と統括権は、名誉〔の称号〕に関することの範疇《はんちゅう》です。というのも、彼の所見や、その人物の資質及び功績に応じて、それを各人に与える権限は、彼のみにあるからです。したがって、彼の職務は、領主達にそれに値するところに従って、称号を授けることです。そのため彼は、各人の名誉と資質がどのようであるか、またどのような敬意と尊敬がもたれるべきかを知悉《ちしつ》しています。またこの者には、称号において彼等に等級をつけ、各人に相応しいと思われる名誉の位階を加増する権限もあります。……したがって、日本のあらゆる太守や領主に対する名誉とそれにかかわる位階に関する事柄は彼に帰属し、彼からでなければ、誰もそれを得ることはできません。……

第三かつ最後の統括者にして、俗世界の第二〔の統括者〕は、司法、権力、政治のそれで、「キンゲ Quingue」〔「公家《くげ》」〕。『書翰』の編者は「公儀《こうぎ》」を充てる〕と呼ばれます。他にもそのような〔権力を〕もつ者が二人おり、一人をエンゲ〔「会下《えげ》を充てる訳あり〕」、もう一人は御所と呼びますが、これら二つは首位の公家（公儀）に従属しています。この者は、権力と政治に関する事柄において、あらゆる日本の俗人の領主達を統括します。（『書翰』一四八号）

この書翰はエヴォラ版日本書翰集にも収載されているので有名だが、実は同日付でトルレスはイエズス会総長のディエゴ・ライネスに別の一通の書翰を書いている。権力者情報が書かれた箇所を引用しよう。

【史料4】

この地には、三人の主要な人物がおります。一人は名誉の統括者で、すべての者がこの者を崇めております。この者は大領主達に名声を与える以上には何ものももっていませんが、そのために、〔大領主達は〕彼に多額の金銭を贈ります。この者は地面に足を着けることができず、万が一、地面に足を着けてしまうと、その権威を奪われます。この地位は世襲で継がれます。その家臣はすべての日本人からたいへん崇敬されており、武器をもたない剃髪した人びとです。

第二の人物は、封建領主の統括者です。この者はあまり崇敬されていません。なぜなら、日本の領主達は、多大な権力をもつと、自分の領地で絶対君主となるからです。それでも、この人物は、当地の第一の君主《セニョール》としての名声を保っています。

第三の統括者は、宗派のそれで、この者も、それら〔宗派を指す〕の間に存在する疑問を彼に尋ねる時以外、他の事柄においては崇敬されていません。このため、〔人びとは〕彼に若干の敬意を抱いております。というのも、すべからく各人は、十か十二あるその宗派の統括者に従っているからです。（『書翰』一四九号）

トルレス書翰の検証

【史料3】、【史料4】ともに、同一人物が同日に書き認めた書翰であるので、あわせて考える必要がある。【史料3】は事実誤認と思われる箇所が多く見られるが、【史料4】と比較すると共通性と相違点がはっきりしてくる。

【史料3】では「座主」、「王」などと現地語（日本語）が使われているのに対し、【史料4】では現地語が用いられていない。それは宛先の違いによるものであろう。アントニオ・デ・クアドロスは一五五六年一月にインド管区長に選任され、管区内の布教状況を正確に把握する必要がある立場にあった。日本布教の上長であったトルレスは、日本の布教情報と権力者情報を詳細に伝えるため、現地語である日本語を交えながら日本の権力者を説明したと考えられる。一方、ディエゴ・ライネスはイエズス会総長として、世界各布教

表6　日本の3人の統括者

アントニオ・デ・クアドロス宛書翰

3人の統括者	宗教界	①座主(天台座主)
	世俗界	名誉の統括者 ②王(天皇)
		権力・政治・司法の統括者 ③キンゲ(公家) ※エンゲ・御所(将軍)はキンゲ(公家)に従属

ディエゴ・ライネス宛書翰

3人の統括者	①名誉の統括者 ②封建領主の統括者 ③宗派の統括者

地の布教状況が届けられることから、一布教地である日本の布教情報を、現地語を用いながら説明する必要はないと考え、西洋の枠組みでわかりやすく説明したのではないだろうか。

内容については、両史料とも日本の権力者として三者をあげていることが共通している（表6）。天皇と将軍を「日本国王」と認識していた頃とくらべると、新たに天台座主《てんだいざす》が加わったことが注目される。これについては、トルレスがガスパル・ヴィレラに畿内布教を命じるにあたって、比叡山《ひえいざん》延暦寺《えんりやくじ》を訪問させることから始めたことと大きく関係している。ゆえに、両史料とも天台座主を宗教界の統括者と位置づけたのであろう。しかし、延暦寺から京都布教の許可が得られないまま、ヴィレラは京都布教を始めることになった。以降、天台座主を天皇や将軍と同列に評価するような権力者情報は見られなくなる。

二人目は、名誉の統括者としてあげられている天皇である。天皇はランチロットの日本報告以降、「王」という日本語を用いながら説明されてきた。今回のトルレス書翰の【史料3】でも「王」が使われており、足を地面に付けないことや位階授与に関することなど、ザビエルが来日後に得た情報とほぼ同じことが述べられている。

最後三人目が難解である。【史料3】は、世俗の統括者として「キンゲ」をあげている。これまでこの語句は「公家」が充てられてきたが、史料編纂所の編者は「公儀」を充てている。原語は諸写本によって綴《つづ》りが若干異なるが、諸写本を比較すると「公家」が良いように思われる。では、なぜ「公儀」が充てられたのかは、内容が公家に関するものではないからであろう。【史料4】の「封建領主の統括者」は、内容から考えて将軍を指している。それに対し、【史料3】は「御所《ごしょ》」である将軍を臣下に抱える世俗の統括者とあることから、「キンゲ」に将軍を充てることができない。また、内容から考えて公家を指すとも思われない。そこで、「公儀」を充てることで両史料に書かれた矛盾点の解決を見たのであろう。実際、原語は「公儀」との誤記と考えられなくもない。

ただ、その後書かれた権力者情報にも同じ語句が使われており（表7）、あきらかに公家を指している事例が多い。そこで、この語句はやはり「公家」を充てる方が良いという

表7 「クゲ」の事例

書翰日付	差出人	諸写本発音	説明・該当者
1560年6月2日	ロレンソ	①	都で権威のある主要な人々
		②	伊勢(貞孝)殿　※実際は武家
1561年10月8日	コスメ・デ・トルレス	③	日本の三人の統括者＝**該当箇所**
1565年2月20日	ルイス・フロイス	④	高貴で日本のすべての国で尊敬された人々
1567年7月8日	ルイス・フロイス	⑤	天皇の顧問
1569年6月1日	ルイス・フロイス	⑥	高貴な人々
		⑦	国王の側にいる貴人
1569年7月12日	ルイス・フロイス	⑧	(天皇の)顧問

①クンジェス qunges（Jap.Sin, BAL），クンジャス cunjas（BACL）
②クンギ cungui（Jap.Sin），クンゲ cungue（BAL），クンジェ cunje（BACL），クンジェ cunge（BNL）
③クンジェ qunge（Jap.Sin），キンゲ quingue; キンジェ quinge（BAL），クンゲ qungue（BACL,BNL）
④クジェス quges（Jap.Sin）
⑤クンジェス cumges（Jap.Sin）
⑥クンジェス cumges（BNL）
⑦クンゲ cungue（BNL）
⑧クンジェス cunges（BNL）
BACL：リスボン科学学士院図書館の書翰
BAL：リスボン，アジュダ図書館所蔵の書翰
BNL：リスボン国立図書館所蔵の書翰

のが、現時点での筆者の考えである。イエズス会はこの時点では公家や武家の情報を正確に理解できておらず、政権を担う権力者を「公家」と理解し、実際は公家と武家を混同して把握したのではなかろうか。

この二つの史料は、畿内地方および日本全国にわたった最初の権力者情報の史料として注目に値するが、イエズス会の権力者情報としては、正確な理解にまでは至っていない段階のものと位置づけられる。

天皇・将軍・戦国大名

次に、一五六四年七月十五日付、都発、ポルトガルのイエズス会員宛ガスパル・ヴィレラ書翰である。この書翰は畿内布教担当のヴィレラが書いたものなので、直接情報として信憑性《しんぴょうせい》が高い。なお、この書翰は管見の限りエヴォラ版日本書翰集に収録されたものしか現存しておらず、今なおエヴォラ版日本書翰集が重要な書翰集であることを指摘しておきたい。では、該当箇所を引用する。

この日本の島は六十六か国に分かれており、かつてはすべての（国々）が内裏《ダイリ》と呼ばれている一人の君主に従っていました。この君主は公方《クボー》という名の軍隊の総司令官を配下に置いていましたが、互いに争うようになりました。結果、総司令官がすべてを手中に収めることになり、主たる君主に従わなくなりました。事態はさらに進み、領国の各統治者は謀反を起こし、主たる君主にも軍隊の総司令官にも従わなくなりました。主たる君主はこの都におり、貴人としての尊大さに満ちていますが、地面に足を付けることができません。もし足を付けたら、廃位させられます。（人々が）頼みとする人間的な力をもたず、非常に困窮しておりますが崇敬されています。けれども、従う者はいません。軍隊の総司令官もまたこの都におり、いくらかの力を有していますが、立ち上がって地位を取り戻すほどではありません。このように四百年来この地には統括者がいないために平和も平穏もなく、各々が［自分が有する］力に相応する限りの国を支配しています。これが彼らの間で戦《いく》さが続く理由です。（松田毅一監訳『十六・七世紀イエズス会日本報告集』第Ⅲ期第2巻、五四号、同朋舎出版、一九九八年〈以下、『報告』Ⅲ2、五四号のように略す〉。ただし、訳を改めた箇所がある）

天皇と将軍を中心に書かれた権力者情報は、実にランチロットの日本報告以来のことである。ヴィレラ書翰では再び天皇と将軍について言及し、なぜ両者が権力を失ったかを説明している。天皇は日本六六ヵ国の君主であったが、配下であった総司令官である将軍と争うようになり、将軍のもとに権力が集中することになった。しかし、各領国の統治者達、すなわち大名達が謀反を起こし、天皇と将軍に従わなくなった。天皇から将軍へ、さらに大名へと権力が推移する過程を説明している。

このヴィレラ書翰に関連して、一五六五年二月二十日付、都発、シナおよびインドのイエズス会員宛ルイス・フロイス書翰をあげる。

将軍は約四〇〇年前から「最高の君主」としてすべての者を従えていたが、大名の蜂起によって日本は六六ヵ国に分裂し、合戦が絶えないとする。その結果、畿内布教が行われた時には、将軍は権威のみを有す存在で、権力は弱体化した状態に陥っていた。これは先ほどのヴィレラ書翰も同様の内容が書かれていたので、京都布教担当者の間で共通の認識になっていたといえよう。

このフロイス書翰には天皇の記述も見られる。「宗旨の権威」とフロイスに理解され、教皇に例えられている。「偶像」のように崇拝されているともある。この情報は多少の表現は異なるものの、先のトルレス書翰やヴィレラ書翰と同内容であるので、イエズス会内部では天皇は宗旨の権威とされ、偶像のように崇拝される存在と認識されている。また「彼〔天皇〕には剃髪した者が仕えており、日本のすべての国々でたいへん高貴で、敬われている人々です。〈彼らは〉公家と呼ばれております」（ローマ・イエズス会文書館所蔵日本・中国部〈以下、Jap.Sin. とする〉より拙訳。『報告』Ⅲ2、六四号を参照した）と、公家の存在が前述のトルレス書翰より正確に理解されていることがわかる。

三好政権の存在

最後に一五六四年十月九日付、平戸《ひらど》発、マカオのイエズス会員宛ジョアン・フェルナンデス書翰を取り上げる。武家による京都の統治の状況が、以下のように述べられている。

都の統治は三名の人物に依存しています。第一（の人）は、日本全体の国王で、公方様［将軍足利義輝］と呼ばれています。第二（の人）は、彼の家臣の一人で、三好（長慶）殿と呼ばれています。第三（の人）は三好殿の家臣の一人で、松永（久秀）殿と呼ばれています。第一（の人）は国王としての名誉や名声しか有するものがありません。第二（の人）は家臣ですが権力を有しています。第三（の人）は第二（の人）の家臣で、国を治め、法を司る役職にあります。（Jap.Sin. より拙訳。『報告』Ⅲ2、五五号を参照した）

フェルナンデスは畿内布教に参加していないが、冒頭にヴィレラ書翰が紛失したため代わりに載せるとあることから、史料内容の信憑性は高いといえる。

京都は将軍足利義輝、三好長慶、松永久秀が統治しているとある。将軍は日本全国の「国王」とされるが、実際は「国王」としての名声のみしかなく、権力は将軍の家臣である三好長慶が権力を掌握しているとする。そして、長慶の家臣松永久秀が政治を担っていると書かれている。これは、当時の畿内情勢から見て、正確な情報を得ていたと言ってよい。

将軍に関しては、先のヴィレラ書翰ではわずかながらも権力を有しているとなっていたが、ここでは「国王としての名誉や名声しか有するものがない」とまでの評価に落ちている。結局、山口や九州などの他地域と同様に、畿内も戦国大名によって支配されているとの理解に至り、日本の実質権力者はやはり大名であるという、ザビエルが入京した後の認識を再確認したといえる。

権力者情報の特徴

以上、権力者情報の書かれている代表的な書翰を見てきた。ザビエルが日本布教を行っていた時期は、布教保護を求める観点から「命令権」、「支配権」を有する実質的な権力者を見極め、天皇と将軍を「日本国王」とせず、戦国大名を日本の一「国王」と捉えた。しかしながら、畿内布教が本格化するにあたって、京都に居住する天皇と将軍のことを無視できなくなった。そこで、天皇と将軍という権力者としての位置づけを明確にするため、分析がなされたと考えられる。

その一つとして、日本の権力者の変遷をたどることで、日本の権力者の分析を行った。かつては天皇が日本全国の君主で将軍や大名を従えていた。しかし、将軍が天皇と争うようになり、権力が将軍のもとに移されたこと、さらにはその家臣であった戦国大名が反乱を起こし、天皇と将軍の権力が失われたことを説明している。イエズス会は、このように権力の移行過程を読み取ることで、日本布教時点での天皇と将軍、そして大名の関係を理解したのである。また、畿内布教にあたって、天皇と将軍はやはり尊位のみの権力者であり、実質的な権力は大名にある点を再確認するに至った。

とはいえ、畿内布教が本格的に開始されるのに伴い、天皇と将軍の存在に再び注目するようになった点は見逃せない。こうした尊位のみしか有さない天皇と将軍に対して、実力では勝るはずの戦国大名が敬意を示している様子を見て、イエズス会は実質的な権力のみでは把握できない日本の権力構造を見て取ったのである。この段階に入ると日本の権力者を権力と権威の両面から捉えるようになり、その支配状況を同僚達に説明していった。このことから、イエズス会の権力者観という点では、ザビエルが布教していた頃にくらべて、はるかに深く理解するようになったといえるだろう。それとともに畿内という地域が、これまで布教してきた山口や九州とは異なる特別な地域であると、イエズス会は認識したことを示してもいる。

しかしながら、この時期のイエズス会書翰を見る限り、日本の権力者情報を報告する際、それぞれの権力者について逐一説明するなど、書翰を書き認めるにあたって苦慮した様子がうかがえる。そこで、畿内布教期において、イエズス会は天皇、将軍、大名をそれぞれどのように表記し、説明していったのか、確認していく必要があるだろう。

権力者に対する表記

天皇の表記

天皇は「国王」、「君主（領主）」、「統括者（長）」などといった語句で表記されている。特徴的なことは、その前に「日本全国の」とか「主たる」という語句が付け加えられていることである。これは日本全国を強調したことを表しており、裏を返せば日本全国の「国王」ではない「国王」がいるということを示している。その「国王」が戦国大名である。つまり、畿内布教が本格化すると、日本の「国王」に対する使い方が二種類登場したことになる。

さらに、天皇の説明に際して、「名誉」や「尊位」のみの権力者であり、「服従されていない」、「従う者」がいない、あるいは「権力をもたない」という表現が増えている。天皇には実質的な権力が備わっていないことを再確認していることが読み取れる。

それでも戦国大名などが天皇を敬っていることにイエズス会は注目した。天皇が大名から崇敬されている根拠として、宗旨の権威を有する存在として捉えた。多くの書翰《しょかん》で天皇は「偶像」のように崇拝されていると記し、地面に足をつけると「職務と地位」が剝奪されるとある（一五六四年七月十五日、都発、ポルトガルのイエズス会員宛ガスパル・ヴィレラ書翰など）。このような説明は、過去には一五五四年付、ポルトガルのイエズス会員宛ペドロ・デ・アルカソヴァ書翰にも見られた。そこには、天皇が足を洗った盥《たらい》を人々が神聖なものとして頭に被《かぶ》る行為や、天皇は足を地面につけないこと、たくさんの偶像が天皇を警護していることなど、天皇のもとで異様な行為がなされていることを伝えている。畿内布教後の天皇関連記事もアルカソヴァ書翰の内容に似ており、イエズス会は天皇を偶像崇拝の象徴として位置づけている。

もう一つは、天皇が大名などに「名声」や「称号」を与える「職務」を帯び、それがゆえに天皇は名誉ある存在で、皆から崇拝されていると捉えた。これまで天皇を宗旨の権威として捉えていたが、新たに世俗面から天皇の権威を探ろうとする姿勢がうかがえる。そして、官位叙任が天皇のみに有する特権であると認識し、だからこそ天皇はたいへん神聖で、崇敬されていると理解した。

また、これまでイエズス会は天皇に対して「王」という日本語を用いてきたが、畿内布

表8　天皇の日本語表記

書翰日付	差出人	表記
1548年夏	ニコラオ・ランチロット	王
畿内布教開始（1559年10月末～11月初頃）		
1560年6月2日	ロレンソ	王
1561年10月8日	コスメ・デ・トルレス	王
1564年7月13日	ガスパル・ヴィレラ	内裏
1565年2月20日	ルイス・フロイス	王
1565年3月6日	ルイス・フロイス	王
1565年4月27日	ルイス・フロイス	王，内裏
1565年8月2日	ガスパル・ヴィレラ	内裏
1565年8月3日	ルイス・フロイス	王
1566年6月30日	ルイス・フロイス	内裏
1567年7月8日	ルイス・フロイス	王，内裏

教後は新たに「内裏《だいり》」という表記を使い始めた（表8）。天皇を西洋の枠組みに当てはめるだけでなく、「王」や「内裏」といった日本語を頻繁に用いることで、天皇の権力者としての特殊性を伝えようという、イエズス会の姿勢を読み取ることができる。

将軍の表記

将軍に対しては、天皇の場合と異なり、時期的な変化が認められる。一五六〇年六月二日付、都発、ゴアのアントニオ・デ・クアドロス宛ロレンソ書翰を見ると、将軍足利義輝《あしかがよしてる》について「日本中のあらゆる領主が従っており」や、「支配権を有している」と記されている。これらは、ヴィレラが義輝を訪問した場面で記されていることから、義輝から宣教師の京都居住が認められた時のことであった。そのため、ロレンソは将軍義輝をイエズス会にとって頼りになる権力者と捉えたのである。それは、名誉のみの君主とされた天皇とはあきらかに異なる評価である。

ところが、一五六二年付、堺発、イエズス会員宛ガスパル・ヴィレラ書翰になると、「名誉に関することのみにおいては日本全国の君主」と、天皇と同じ説明に変わっている。この書翰には、三好《みよし》方と反三好方による久米田《くめだ》の戦いや教興寺《きょうこうじ》の戦いに関する記事が書かれているが、こうした合戦を将軍義輝が抑えるほどの権力を有していないと、イエズス会は判断したのであろう。

以後、将軍は名誉のみの存在として記され、「権力は弱体」であり、「服従する者がいない」などの記述になっている。さらには、一五六五年十月二十五日付、福田発、イエズス会員宛ルイス・デ・アルメイダ書翰に、「日本全国で最も身分の高い絶対君主である三好殿と公方様」と書かれているように、三好と将軍を対等に扱う記述も見られるようになる。このアルメイダ書翰が、義輝が殺害された永禄《えいろく》の変《へん》後に書かれたことを考えれば、三好と将軍を対等に扱うのも理解でき、イエズス会が将軍をこのように低く評価することは無理もないことである。

その将軍に対する表記であるが、天皇と同じように「日本全国」や「主たる」、「最高の」という但し書きが記され、その「国王」や「君主」と書かれている。「皇帝」という記述も見られるようになる。たとえば、一五六六年九月五日付、堺発、ゴアのイエズス会員宛ルイス・フロイス書翰にある「日本の皇帝公方様」(Jap.Sin. より拙訳。『報告』Ⅲ3、七九号を参照した）や、一五七二年九月二十三付、長崎発、インド管区長アントニオ・デ・クアドロス宛フランシスコ・カブラル書翰にある「全六十六か国の皇帝」（マドリード王立歴史学士院図書館所蔵の古写本〈以下、BRAMとする〉より拙訳）などがある。また、現地語（日本語）も多用され（表9）、来日前に使用していた「御所《ごしょ》」のほかに「公方《くぼう》」が用いられるようになり、これ以降は圧倒的に「公方」や「公方様」の方が使用されていく。

戦国大名の表記

最後に戦国大名について見ていきたい。大名に対する表記のほとんどが「国王」で、畿内布教が本格化しても、この表記が改められることはなかった。イエズス会の中では、大名は依然として実質権力を有する日本の一「国王」と認識されていた。

畿内布教が開始されてからの特徴は、畿内の大名に対しては「国王」ではなく「執政官（レジェドール）」、「統治者（ゴベルナドール）」が使われる事例が目立ってくる点である。たとえば、一五六二年付、堺発、ガスパル・ヴィレラ書翰には、前述したように、久米田の戦いや教興寺の戦いに関する記事があるが、その中で畠山高政《はたけやまたかまさ》と三好義興《よしおき》に対して権力者を示す語句を用いている。高政には「公爵（プリンシペ）」が、義興には都を「統治していた者」や「都を執政していた領主」との表記がされている。後者は「統治者」、「執政官」と同じ意味である。両者とも大名に用いる「国王」は使用されておらず、将軍の方

表9　将軍の日本語表記

書翰日付	差出人	表記
1548年夏	ニコラオ・ランチロット	御所
1548年夏	ニコラオ・ランチロット	御所
1559年9月1日	ガスパル・ヴィレラ	公方達※
畿内布教開始（1559年10月末～11月初頃）		
1560年6月2日	ロレンソ	御所
1561年10月8日	コスメ・デ・トルレス	御所
1562年	ガスパル・ヴィレラ	公方
1564年7月13日	ガスパル・ヴィレラ	公方
1564年10月9日	ジョアン・フェルナンデス	公方様
1565年2月20日	ルイス・フロイス	公方様
1565年3月6日	ルイス・フロイス	公方様
1565年4月27日	ルイス・フロイス	公方様
1565年6月19日	ルイス・フロイス	公方様，公方
1565年7月22日	ルイス・フロイス	公方様
1565年8月2日	ガスパル・ヴィレラ	公方
1565年8月3日	ルイス・フロイス	公方様，公方
1565年10月25日	ルイス・デ・アルメイダ	公方様
1566年1月24日	ルイス・フロイス	公方様
1566年6月30日	ルイス・フロイス	公方様
1566年9月5日	ルイス・フロイス	公方様
1567年7月8日	ルイス・フロイス	公方様

※京都での布教計画の場面で登場。複数形なのは、将軍とその側近を指すか（『書翰』119号）

に「国王」が使用されている（イエズス会書翰には「国王」と記されているだけで将軍と特定できないが、該当箇所をフロイス『日本史』で確認すると「公方様」とある）。ほかにも、複数の書翰で畿内、とりわけ将軍の話が登場する場合や、京都での状況を説明する場合には、「執政官」と「統治者」が使われている（一五六〇年六月二日付、都発、ゴアのアントニオ・デ・クアドロス宛ロレンソ書翰、一五六一年八月十七日付、堺発、ゴアのアントニオ・デ・クアドロス宛ガスパル・ヴィレラ書翰ほか）。

一五六六年六月三十日付、堺発、イエズス会員宛ルイス・フロイス書翰には、天皇、将軍、三好に関する記事がある。まず三好義継《よしつぐ》が「三好殿という名の河内の国王」と、「国王」が使用されている。河内は三好氏の領国であるから、「国王」の表記がされたと考えられる。次いで、天皇から京都復帰を求めようと、以前イエズス会が将軍や大名から得ていた許可状を天皇に提出したことが書かれている。その場面では、「公方様」、「国王達」、「都の統治者」という書き方であった。「国王」と「都の統治者」とあるように、両者を区別しており、京都の場合には「国王」は使われていない。同じような事例はほかにもある。

つまり、畿内布教が始まっても戦国大名には「国王」が用いられ続けるが、京都の場合では、天皇や将軍に「国王」を使用し、大名には「執政官」、「統治者」という表記が使用されることが多く、畿内という地域の特殊性が浮き彫りになっていく。

畿内布教期の国家観

「国」の考え方

畿内布教が始まると、イエズス会は日本について、「国」という語句をいくつかのパターンで使用していることがわかる。当該期の日本に複数の「国」概念があることについては、すでに山口啓二氏が指摘しており（「藩体制の成立」家永三郎ほか編『岩波講座日本歴史10　近世2』岩波書店、一九六三年）、イエズス会が同じような見解をもっていたとしても不思議ではない。では、イエズス会が考える日本の「国」というのは、どのようなものであったのであろうか。

まず、日本を単位とした日本全国の意味での「国」である。この場合の「国王」といえば天皇あるいは将軍を指す。天皇と将軍の説明には、「日本全国」という単位を対象としていることを明確に示している。これは天皇と将軍が戦国大名とは次元の異なる「国王」

であることをはっきりさせるためであったと思われる。とはいえ、天皇と将軍にはそれに伴うはずの権力が備わっていないことを示すため、誰からも服従されていない権力者であると説明した。それでも戦国大名から崇敬されていることから、「名誉のみ」といった表現を付け加えて権威は有していることを伝えた。つまり、権力という視点で捉えると、日本全国を統治する権力者は存在しないに等しいが、「名誉」という権威の視点からは、天皇と将軍は戦国大名から崇敬されている存在であったことから、日本全国の「国王」としてイエズス会は理解したのである。

次に大名領国としての「国」である。この場合の「国王」は戦国大名を指している。そもそも、イエズス会は権力者からの保護を得て、領内の布教を円滑に行おうと考えていた。そのため布教地の権力者に対する分析がなされたのであり、彼らは実質的な権力者が誰かを見極めていた。このことから、実質支配という点で捉えた権力者像が、イエズス会の基本理解であり、その「国王」は戦国大名で、その支配領域は大名領国であった。この理解はザビエルが入京して以来一貫している。畿内布教が始まってからも大きな変化はなく、畿内以外では「国王」と言えば戦国大名を指していた。イエズス会は、畿内布教が進んでも、基本的には戦国期日本は複数の大名領国からなる国家であると認識していたのである。

最後に国郡制《こくぐんせい》の「国」について考えたい。基本的には戦国大名領国を「国」と捉えていたが、その大名を「豊後《ぶんご》の国王」とか「美濃《みの》の国王」という書き方で伝えている。そこで、この「国」は国郡制の国であり、国持《くにもち》大名として「国王」を使用していたと理解することも可能ではある。しかし、同様に「山口の国王」や「平戸《ひらど》の国王」という記述もあるため、国郡制の国を意識した表記ではなく、単に地名を表していることがわかる。ただ、イエズス会は前掲の史料などのように、日本は六六ヵ国からなるとか、「豊後の国王（大友義鎮《おおともよししげ》）」に対して「五か国の領主」（一五六四年十月九日付、豊後発、ローマのジョアン・デ・ポランコ宛ジョアン・バウティスタ書翰《しょかん》）という書き方もしているので、国郡制の国に関する情報を得ていなかったわけではない。国郡制の国については、深い知識をもたずに使用していたというところであろう。

このように、イエズス会は、日本の「国」をいくつかに分けて表記していた。このうち、最も基本となった「国」は大名領国であり、とくに説明を加えることはなく、周知のこととして使用している。畿内布教が本格化すると、天皇と将軍の権威に目を付け、両者は権威という点では支配が全国に及ぶことから、日本全国の「国王」として伝えられた。その結果、イエズス会書翰には日本全国と大名領国のそれぞれの「国」、「国王」が併記されることになった。このことは、イエズス会の権力者・国家認識に変化があったことを示すと同時に、畿内が他の諸地域とは異なり、日本にとって重要な地域であったことを示しているといえるだろう。

畿内の特殊性

戦国大名を日本の一「国王」として理解するイエズス会の考え方は、畿内布教が始められてからも改められることはなかった。しかし、畿内地域では、「国王」という語句は、大名に対してだけでなく、天皇と将軍にも使われた。

ザビエルの時とは違い、ガスパル・ヴィレラが入京した時には、天皇だけでなく、近江《おうみ》に逃れていた将軍足利義輝《あしかがよしてる》も在京していた。とくに、義輝から禁制が与えられ、京都にとどまって布教を行うことができたことから、一度は将軍を実力のある権力者として評価した。しかし、義輝は室町将軍とはいいながら、在京していた期間は短く、最後は永禄《えいろく》の変《へん》にて三好義継《みよしよしつぐ》らに殺害された。結局のところ、畿内地方の実質的な権力者は三好長慶《ながよし》であり、彼の死後は三好義継や三好三人衆、松永久秀《まつながひさひで》であったと理解するに至った。三好長慶や義継は、他地域ならば当然「国王」が用いられる権力者であり、実際に前述のように「河内《かわち》の国王」という言い方がされている。しかし、京都ではこのような実力者は「国王」を使わずに、「統治者」とか「執政官」という表記が用いられた。あるいは「国王」が使われる場合には、天皇と将軍の方を「統括者」や「皇帝」という語句を用いて説明するようになった（一五六五年二月二十日付および三月六日付ルイス・フロイス書翰ほか）。これらの語句を使い分けることで、天皇と将軍は戦国大名よりも上位の権力者であることを示したわけである。

このような「国王」の使い分けがなぜ行われたのかについては、イエズス会が権力者をどのように理解していったかの変遷をたどることで見えてくる。ザビエルが入京するまでは天皇と将軍に対して、入京後は大名に対して「国王」が用いられてきた。イエズス会は天皇・将軍・大名三者に対して「国王」を使用してきたのである。それでも、畿内布教が始まるまでは、西日本地域の戦国大名に関する権力者情報を伝えるだけでよかった。そのため、布教を担当した宣教師は戦国大名に対してのみ「国王」を使えばよく、書翰の受取手も「国王」といえば戦国大名であると理解できた。しかし、畿内には天皇・将軍・大名三者がいる。それぞれに「国王」を使用してきたが、実際には天皇・将軍と大名には権力者としての差があった。その結果、天皇・将軍と大名の差を明確にするため、前述のような二種類の表記がされたのである。

しかも、この二種類の表記は、どちらかの書き方に統一されることはなかった。それは、天皇・将軍・大名がいずれも「日本国王」に値しなかったからであろう。それが、フロイス『日本史』に示されている。

彼ら〔ポルトガル人〕は……たとえば、平戸の国王、志岐の国王、天草の〔国王〕、その他これに類したことを言う。（しかし）実はこれらの人々は私達（の場合と）同様に、皆、（日本語の）殿、すなわち限られた（権威の）貴人であって、そのような人は同一国内に多数いるのである。……本来の、そして真実には、当（日本）六十六カ国全体の最高君主であり、国王かつ主権者はただ一人であって、これを王、もしくは天皇、または内裏と称する。……しかし彼ら［大名］は一国、もしくは多くの国の絶対君主（であるには違いないので）通常、私たち（ヨーロッパ人）の間では、彼らのことを国王と呼び、その身分の高い家臣や諸城主、また幾つかの地方の支配者のことを殿と称している。（『フロイス「日本史」』第一部序文）

フロイスが『日本史』を執筆した天正年間においてさえ、「国王」の対象が定まっておらず、このような説明がされていた。結局、二種類の表記のうち、どちらで説明するかについては、布教地や布教状況を説明するうえで、書翰の発信者が判断したと思われるが、それも明確な基準をもっていたわけではなかったといえる。

日本語使用の理由

しかし、それでは書翰の受取手は、日本の権力者と国家の在りようを正確に理解することはできない。そこで、発信者は書翰を送る際、受取手に誤解を与えないよう、天皇と将軍に対して但し書きを加えたわけである。その典型的な事例が「名誉のみの」という語句を用いることであった。これを付け加えることで、「国王」と表記した天皇と将軍には実質的な権力はなく、権威のみという点で日本の「国王」であると伝達した。また、日本全体にわたる権力者情報を載せることで、天皇・将軍と大名三者の力関係を明確に説明した。こうした但し書きや権力者情報を付け加えて説明していたのは、イエズス会にとって天皇・将軍と大名の関係が捉えにくく、宣教師間で一定の理解をもたないと、伝達する際に誤解が生じると考えたからであろう。前掲のフロイス『日本史』第一部序文にある説明からも、そのことをうかがい知ることができる。

そこで、このような複雑な日本の権力者を説明するために、西洋の枠組みだけで捉えるのではなく、日本語をローマ字表記にして伝えていったと考えられる。天皇には「王」や「内裏《だいり》」が、将軍には「御所《ごしょ》」や「公方《くぼう》」が用いられた。「王」や「御所」は来日前にも使われていたが、「内裏」や「公方」が登場するのは畿内布教が始まってからである。そして、これらの日本語の使用は、畿内布教後に一気に増えている。これについて、イエズス会の日本語理解が深まったと解釈することも可能ではある。しかし、それだけでは一面的である。ヨーロッパのイエズス会員に書翰を送付するのに、知識を要する日本語の使用は適当ではない。事実、「国王」、「領主」、「皇帝」などの語句は変わらずに使われ続け、大名には「殿」という日本語の使用例はあるものの、その事例数は少ない。つまり、大名には「国王」が通常使われているのに対して、天皇と将軍には日本語使用が目立つのは、両者の存在が西洋の枠組みに当てはめにくい権力者であったためと考えられる。それを、現地語である日本語を用いることで、天皇・将軍と大名との違いを明確にしようとしたのではないだろうか。これは、イエズス会が権力者を捉えるうえでの試行錯誤の跡であるといえ、その結果がこの時期の表記の変化という特徴として表れているのである。

連合国家との考え

ザビエルが来日する以前は、天皇と将軍を日本全国の「国王」とする統一国家であると、イエズス会は考えていた。ところが、ザビエルが入京してみると、天皇と将軍に日本全体を治める権力はなく、大名が実質的な権力者であったことから、大名領国を一つの国家と捉え、大名を大名領国の「国王」と判断した。実態としては、日本は統一国家ではなく、大名が治める領国、すなわち国家が複数林立していると認識した。

畿内布教が開始されると、宣教師は天皇と将軍に関する情報も伝達する必要が生じた。そのなかで、実質的な権力を有する大名が、天皇や将軍に敬意を払う様子を見て、実質的な権力だけでは捉えられない日本の権力構造を、イエズス会は読み取ったと考えられる。こののち、イエズス会は権力と権威の両面から日本の権力者を捉えていくようになる。

その結果、天皇・将軍と大名に対して、「皇帝」、「国王」、「執政官」などといった権力者を指す語句を使い分けたり、天皇と将軍に日本語を用いたりして権力の差を示した。そして、いずれの場合も、天皇と将軍は「名誉のみの」権力者であることを明記し、実質的な権力は有さない存在であることを強調した。

なお、「皇帝」という表記は、ヨーロッパの皇帝に例えて使われることはあったが、天皇と将軍に対して「皇帝」と位置づけるようになったのは、畿内布教が開始されてからである。したがって、イエズス会の権力者観から言えば、天皇と将軍を最初から「皇帝」と評価した事実はなく、また特別な意図をもって「皇帝」という語句を用いたわけではないのである。

これに関連して、平川新氏は『戦国日本と大航海時代—秀吉・家康・政宗の外交戦略—』（中央公論新社、二〇一八年）において、秀吉に対してから「皇帝」が使われ始め、スペイン国王でさえ「国王」なのに、秀吉や家康は「皇帝」、日本は「帝国」と呼ばれたと指摘する。当時のヨーロッパの皇帝は神聖ローマ皇帝、帝国は神聖ローマ帝国であり、日本はそれと並び称される存在として認識されていたと、平川氏は評価している。戦国日本から「帝国」日本へと生まれ変わり、世界屈指の軍事大国として認識されていたからこそ、スペインやポルトガルは日本を軍事的に征服することを断念したとするのが、平川氏の著書の論点である。

しかしながら、これまで見てきてわかるように、イエズス会史料によれば「皇帝」が用いられたのは秀吉の時からではなく、イエズス会が本格的に畿内布教を開始した時期からである。また、将軍や天皇に「皇帝」が用いられたのも、戦国大名を「国王」と表記していたからであり、上位の権力であることを示すためであった。これらの点から、秀吉や家康に「皇帝」、日本に「帝国」が用いられたからといって、日本を軍事大国として過大に評価するのは難しいのではないだろうか。

では、畿内布教が始まってからのイエズス会の国家観は、どのようなものであったのだろうか。実質的な権力という点では、「国王」と表記した大名にあり、その大名を天皇と将軍が「統括者」や「皇帝」として権威という面から支配しているのが、戦国期日本の権力構造であると認識した。実態から見れば、戦国大名が支配する国家（大名領国）が林立する構造であるとの理解は変わらない。しかし、権威という側面から見れば、日本は天皇と将軍が大名を束ねる国家であり、その点においては統一国家であると理解した。つまり、実態と権威の両側面から見ると、日本は連合国家に似た構造をもった国家であるとイエズス会は捉えたと考えられる。もちろん天皇と将軍には権力が伴っていないので、厳密には連合国家というわけではない。しかし、ザビエルが布教していた時の、実質的な権力を重視していた頃とは、大きな変化が認められることを見過ごすことはできない。権力と権威の両側面から捉えた権力構造は、この時代の特徴として傾聴に値するといえるだろう。

当然、イエズス会は、天皇と将軍の権威の源泉は何かという点に注目したに違いない。

実際、天皇の権威については、イエズス会は宗旨の権威と説明する。キリシタンではない天皇を偶像崇拝の象徴として位置づけたのも、宗教者である彼らなりの評価といえよう。また、官位叙任の点を取り上げ、世俗面からも大名から敬意を受ける根拠とした。官位叙任に関しては、その後の織豊《しょくほう》期の書翰にも記されており、イエズス会はこの点にも関心をもったことがうかがえる。天皇の権威が注目され、畿内が他地域とは異なることを見抜いたイエズス会の権力者観・国家観は、ここで新たな段階に入ったといえるだろう。

イエズス会の天下理解と朝廷理解

信長との出会い

織田信長の上洛

　イエズス会に好意的であった三好長慶《みよしながよし》と足利義輝《あしかがよしてる》の死、その後発せられた正親町《おおぎまち》天皇による伴天連《ばてれん》追放の女房奉書《にょうぼうほうしょ》によって、イエズス会は京都にとどまることができず、堺《さかい》や河内《かわち》に避難してキリシタンを頼った。ルイス・フロイスは、当時三好家内で対立していた三好三人衆方と松永久秀《まつながひさひで》方のうち、三好三人衆方に歩み寄り、京都復帰を求めている。その中でも、三人衆の一人三好長逸《ながやす》や、阿波《あわ》出身で三好氏の重臣であった篠原長房《しのはらながふさ》らは、イエズス会に好意的で京都復帰に向けて尽力した。しかしながら、正親町天皇がそれを認めることはなかった。

　こうした時、「突然、尾張の国王が、都で殺された公方様の兄弟［足利義昭《よしあき》］を武力によって（将軍職に）就かせるために、六万の軍勢を率いて都にやって来ました」（一五六八年十月四日付、ルイス・フロイス書翰《しょかん》。Jap.Sin. より拙訳。『報告』Ⅲ3、九七号を参照した）という情報をフロイスは得た。これが永禄十一年（一五六八）に足利義昭を奉じて織田信長が上洛したことを指すことは、容易に理解できるだろう。しかし、このフロイス書翰の日付は、和暦の九月十四日にあたり、信長が義昭を奉じて上洛した九月二十六日より前に得た情報である。信長が上洛の途上に、敵対する六角《ろっかく》氏の観音寺城《かんのんじじょう》を攻略したのが九月十三日にあたるので、信長が近江《おうみ》にいた頃に情報を得たことになる。信長の動きについては京都に伝わっていたようで、公家の山科言継《やましなときつぐ》も『言継卿記《ときつぐきょうき》』に書き留めている。とはいえ、信長がのちにフロイスのよき理解者になるとはつゆ知らず、フロイスは京都および畿内が戦乱で混乱することを危惧していた。

図12　織田信長画像（長興寺蔵）

　ところで、筆者は前述の書翰がイエズス会書翰における織田信長の初見史料であると述べてきたが（拙稿「信長とイエズス会の本当の関係とは」渡邊大門編『信長研究の最前線２──まだまだ未解明な「革新者」の実像──』洋泉社、二〇一七年ほか）、それは誤りであった。一五六五年三月六日付、都発、フランシスコ・ペレスら宛ルイス・フロイス書翰に、信長に関する記事のあることがわかり、こちらを初見史料と訂正したい。この書翰自体はエヴォラ版日本書翰集にも収載されているが、信長に関する部分は削除されていたため、ほとんど知られることがなかった。

この都から坂東の地方に向かう、道中四日のところに、尾張と呼ばれる国があります。そこの国王［織田信長］は偶像を軽視し、また坊主達《ボンヅス》が国のすべてのレンダ［知行や禄《ろく》］を彼から得ており、（そのために）彼は（合戦で）ともに戦う者をもてないでいると思っていました。（そこで、信長は）レンダを得ようとしてきた彼の国のすべての坊主達に信仰と偶像を捨てるように、また兵となって、戦さで役に立つよう結婚するように命じました。こうした後、いくらかの勝利を得て、彼の領地を大きく広げました。（Jap.Sin. から拙訳。なお、神田千里氏が、科学学士院図書館所蔵の別の古写本〈以下、BACL とする〉から、この部分を訳出している。氏の訳文を参照した）

このあとには、松永久秀の家臣でキリシタンになった結城忠正《ゆうきただまさ》が、尾張《おわり》出身であること、尾張に行った時には布教活動に尽力することをフロイスに伝えている。前掲箇所は、その尾張国がどのような土地なのかを説明するために、尾張国の政情が書かれているにすぎない。結城忠正の布教に関わる話とは関係ないため、エヴォラ版日本書翰集の編者は、編纂《へんさん》時にこの箇所を不要と判断して削除したのであろう。

しかし、この削除部分は興味深い。書翰の書かれた一五六五年三月六日は、和暦の永禄八年二月四日にあたる。永禄《えいろく》の変《へん》が起きる以前に、フロイスが尾張国の情勢を入手していることがわかる。また、すでに信長が偶像を軽視している情報を得ていたことも確認できる。結城忠正については、本当に尾張出身かどうかはわからないが、尾張国に明るいことがうかがえる点など注目に値する。年未詳八月二十一日付、柳生宗厳《やぎゅうむねよし》宛織田信長書状は（奥野高廣『増訂織田信長文書の研究』吉川弘文館、一九八八年〈以下、『信長文書』とする〉、九四号）、信長が大和国の国人で松永久秀の家臣でもある柳生宗厳に宛てたものだが、この時信長は結城忠正を派遣している。この文書が出された年は、永禄九年説と永禄十一年説があるが、いずれにせよこの頃には忠正と信長はつながりが深かったことがわかる。天野忠幸氏は永禄九年六月以前には松永久秀と義昭や信長の間で同盟関係が成立していたとするが（『松永久秀と下剋上』平凡社、二〇一八年）、同盟成立に忠正が貢献している可能性が考えられる。

話を戻すと、ここであげた二通のフロイス書翰はともに、「尾張の国王」と記されているだけで、「信長」という人名は出てこない。この頃、イエズス会にとっては、信長にまだ関心がなかったということなのだろう。「国王」という表記についても、ほかの大名に用いられてきた「国王」と同じであり、信長は西国にいた戦国大名と同等の権力者として評価されたにすぎなかった。

信長とフロイスの出会い

翌永禄十二年（一五六九）になると、信長に対するイエズス会の注目度が一気に上がる。正月早々、三好三人衆によって義昭の宿所であった京都六条の本圀寺《ほんこくじ》が襲撃された。明智光秀《あけちみつひで》らの応戦により事なきを得たが、信長は義昭のために、より堅固な居所の必要性を痛感し、二条城《にじょうじょう》の築造を始め、みずから陣頭指揮を執った。

一方、堺が三好三人衆の上陸を許して将軍義昭を危機に陥れたことから、信長は堺を接収した。接収にあたって和田惟政《わだこれまさ》や柴田勝家《しばたかついえ》、佐久間信盛《さくまのぶもり》らを堺に向かわせた。すべてが信長の家臣ではなく、和田惟政は将軍義昭の家臣で、摂津守護《せっつしゅご》の一人であった。ルイス・フロイス書翰にも「山城《やましろ》国や（摂）津国の守護代」と記されている（拙稿「一五六九年六月一日付ルイス・フロイス書翰の日本語表記について」『ヒストリア』一八九、二〇〇四年）。永禄八年に足利義輝が討たれた永禄の変の時には、流浪の身となった足利義昭を助けて上洛させるべく尽力した。

一五七一年九月二十八日付、都発、アントニオ・デ・クアドロス宛ルイス・フロイス書翰によると、永禄の変以前から和田惟政は高山飛騨守《たかやまひだのかみ》（高山ダリオ）と友人であったようで、永禄の変の数日前に二人で京都の教会にやって来て、ガスパル・ヴィレラとフロイスから説教を聴いたことが記されている。永禄の変が起きた頃のイエズス会書翰に、和田惟政の記載がないのが気になるが（一五六七年七月八日付、堺発、ルイス・フロイス書翰に惟政が登場する訳文があるが、「和田（ワタ）」ではなく「（篠）原（ワラ）」の誤りである）、事実ならば永禄の変以前に惟政は京都と近江国甲賀《こうか》を行き来し、宣教師とも知り合いだったことになる。

永禄十二年に信長の命令で堺に来た時には、和田惟政は堺にいるフロイスを呼び寄せ、彼の尽力でフロイスを京都に戻らせることができた。さらにはフロイスを信長に会わせるため、惟政は二条城普請《ふしん》場に連れていき、信長との対面も実現させた。フロイスはこの時の様子をベルショール・デ・フィゲイレドに宛てて、詳しく書翰に書き認《したた》めている（一五六九年六月一日付書翰）。この書翰は、念願の京都復帰を果たしたこともあって、畿内情報が詳しく書かれているが、とりわけ信長について紙数を割いている。

「この尾張の国王は、三十七歳長身瘦せ型で、鬚《ひげ》はほとんどありません。声はよく通り、たいへん好戦的であり、軍事訓練に励み、不撓不屈《ふとうふくつ》でありますす」から始まる、有名な信長評が載せられている。信長の権力に関する部分を見ていくと、「彼の父［織田信秀］は尾張国の領主にすぎませんでしたが、彼はきわめて巧妙な策謀により、四年のうちに十七、八か国を己《おの》れの支配下に置き、主要な八か国、すなわちこの五畿内と他の隣国を七、八日間で征服しました。（リスボン国立図書館所蔵の古写本〈以下、BNLとする〉より拙訳。『報告』Ⅲ3、一〇一号を参照した）」と、短期間で信長が領国を拡大させたことが読み取れる。

信長朱印状と綸旨

その後も、信長が京都に滞在している間に、フロイスは幾度となく信長を訪れている。フロイスは京都にとどまれるよう、信長と足利義昭に「許可状」を求め、信長からは永禄十二年（一五六九）四月八日に、義昭からは同年四月十五日に「許可状」を得た。この「許可状」は、フロイス書翰に書かれた内容から考えて、足利義輝や三好長慶が発した禁制と同じものであったと考えられる。この時フロイスは、将軍である足利義昭の禁制よりも信長の禁制を重視していたことから、将軍の権威よりも実質的な権力をもつ織田信長を頼ろうとしたフロイスの姿勢がうかがえる。

しかし、こののち宣教師を敵視する日乗《にちじよう》の暗躍に苦しめられることになる。日《にち》乗は日蓮宗《れんしゆう》の僧とされることがしばしば見受けられるが、『兼右卿《かねみぎきよう》記《き》』に梶井宮《かじいのみや》で出家し、禁《きん》裏《り》から上人《しようにん》号を授けられたとある。梶井宮は天台宗《てんだいしゆう》の宮門跡《みやもんぜき》であるので、日乗は天台宗の僧である（荻野三七彦「怪僧日乗について―信長の禁中奉行―」『日本歴史』五二八、一九九二年）。この頃の日乗は、禁裏や将軍ばかりでなく、上洛後の信長ともつながりが深く、信長から禁裏の修理を任せられるなど重用されていた。

永禄十二年四月二十日、フロイスが信長のいる妙覚寺《みょうかくじ》を訪れた時、その場に同席していた日乗と宗論《しゅうろん》が行われた。最初は同行したロレンソが日乗と問答を行い、途中からフロイスに変わった。まず、信仰対象のデウスに関する話題から始まり、その後霊魂の問答に話が移った。フロイスが霊魂は存在するが目に見えないと発言すると、日乗は激怒して、弟子のロレンソを斬って霊魂の存在を確かめると言い、薙刀《なぎなた》を手にとった。その日乗を信長や家臣達が取り押さえる形で宗論が終わった（一五六九年六月一日付、都発、ベルシオール・デ・フィゲイレド宛ルイス・フロイス書翰）。

日乗は当初より宣教師に敵意むき出しであったが、宗論の後はさらに執拗《しつよう》に宣教師の京都追放を求めた。しかし、信長や義昭から認められることはなかった。そこで、今度は正親町天皇に働きかけると、伴天連追放の綸旨《りんじ》が出された。この綸旨については、『お湯殿《ゆどのの》上日記《うえ》』にも「はてんれん《（伴天連）》けふ《（今日）》りんし《（綸旨）》いた《（出）》されて。むろまちとの《（室町殿）》へ申され候」と記されている（永禄十二年四月二十五日条）。

今回の綸旨は、永禄八年の女房奉書に続いて二度目の伴天連追放令である。天皇は一貫して宣教師追放の立場に立っていた（村井早苗『天皇とキリシタン禁制―「キリシタンの世紀」における権力闘争の構図―』雄山閣出版、二〇〇〇年）。この綸旨を得て、日乗は再び信長と義昭に伴天連追放を進言した。これに対して、義昭は宣教師を追放するかどうかは幕府の範疇《はんちゅう》であって、朝廷《ちょうてい》が口を出す問題ではないと一蹴した。しかし、信長は義昭とは異なり、天皇に一任する旨を伝えている。この信長の発言は、先にイエズス会に与えていた禁制と相反するものであった。そのため、フロイスは、この信長の対応に動揺し、こうした状況を打破するため、岐阜に帰った信長のもとを訪問した。信長はフロイスの訪問を歓迎し、再びフロイスら宣教師を庇護《ひご》することを約束し、天皇と義昭に宣教師の庇護を求める書状を書き認めた（一五六九年七月十二日付、都発、ベルシオール・デ・フィゲイレド宛ルイス・フロイス書翰）。これに対する朝廷側の反応はイエズス会書翰には記されておらず不明であるが、その後宣教師が京都で追放されずに布教を展開することができたことを考えると、綸旨の執行はなかったようである。

元亀年間の信長評

フロイスは信長によって京都滞在が認められ、布教活動が行えるようになったことから、信長の実力を認めていた。しかし、信長に対する表記という点で見ると、高く評価したものとは言えなかった。「上総殿《かずさどの》」と表記されることもあったが（一五六九年六月一日付、都発、ベルシオール・デ・フィゲイレド宛ルイス・フロイス書翰）、ほとんどが「尾張の国王」であり、日本語では「信長」と呼び捨てで記されていた。イエズス会は信長を天皇や将軍に値する権力者としてではなく、ほかの戦国大名と同格の権力者と見ていたのである。

元亀年間に入っても、大きな変化は認められない。元亀元年（一五七〇）には、姉川《あねがわ》の合戦での勝利から、浅井《あざい》・朝倉《あさくら》軍が立て籠もった比叡山《ひえいざん》を包囲した志賀《しが》の陣《じん》に至った様子が、一五七〇年十二月一日付、都発、ペドロ・デ・アルカソヴァ（エヴォラ版では、ゴアの学院の一修道士となっている）宛ルイス・フロイス書翰に記されており、信長の権力が「山口の国王」や「豊後の国王」とくらべものにならないほど強大なものであったと書かれている。たとえ、信長が敗れたとしても、信長が生きていれば私達は美濃《みの》国に赴き、そちらで布教活動を行えばよいと述べている。しかし、その一方で、信長に敵対する篠原長房などが畿内で勝利すれば、そちらにもキリシタン領主がいるので、イエズス会にとって問題とならないだろうとも記されている。彼らからすれば、信長の権力は絶対ではないということなのである。

翌元亀二年では、比叡山の焼き討ちのことが（一五七一年十月四日付、都発、アントニオ・デ・クアドロス宛ルイス・フロイス書翰）、元亀三年は武田信玄や足利義昭との対立や、上京焼き討ち、槇島城《まきしまじょう》で再度挙兵した義昭のことが記されている（一五七三年五月二十七日付、都発、フランシスコ・カブラル宛ルイス・フロイス書翰）。このように、信長の動向については逐一報告されてはいるが、権力者としての位置づけに変化は認められない。

ところが天正年間に入ると、信長に対する説明書きに変化が出てくる。一五七三年（天正元年）のイエズス会書翰から、信長に対して「尾張の国王」という表記がほとんど見られず、単に「国王」とだけ記されるようになる。一五七三年四月二十日付、都発、フランシスコ・カブラル宛ルイス・フロイス書翰には「尾張の国王」との記載があるので、すべてが改められたというわけではない。しかし、「尾張の国王」を使用しなくなっていくのは、信長が尾張や美濃にとどまらない権力者と捉えられたからであろう。

天正年間の信長評

一五七九年になると、同年十二月一日付、口之津《くちのつ》発、フランシスコ・カリオンによる一五七九年度日本年報に、日本の権力者情報が伝えられている。その中で信長を「[本州に関することが書かれた後]第一（の者）は信長と言って、現在は都および二四ないし二六ヵ国の領主」（Jap.Sin. より拙訳。『報告』Ⅲ5、一六八号を参照した）と書かれている。カリオンは一五七九年十二月二十五日付、日本発、エヴォラ大司教ドン・アントニオ・デ・ブラガンサ宛書翰にも、「全日本筆頭の領主である信長」（『報告』Ⅲ5、一七二号）と説明しており、このような事例は一五七八年十月十六日付、臼杵《うすき》発、ポルトガルのイエズス会員宛ルイス・フロイス書翰に「現在日本で最大の領主である信長」（マドリー市王立歴史学士院図書館の古写本〈以下、BRAMとする〉より拙訳。『報告』Ⅲ5、一六五号を参照した）、一五八〇年八月二十五日付、有馬《ありま》発、エヴォラ大司教ドン・アントニオ・デ・ブラガンサ宛ヴァリニャーノ書翰に「日本最大の領主である信長」（『報告』Ⅲ5、一七五号）などが確認できる。イエズス会は共通して信長を「第一の者」、「筆頭の領主」、「最大の領主」と理解し、日本の権力者の中でも、とりわけ彼を重視していたことがうかがえる。

「最大の領主」や「筆頭の領主」という記述は、イエズス会が信長を高く評価したことの表れであると言って間違いない。ただ、信長を室町将軍に代わる新たな権力者の誕生と捉えることには、慎重にならなければならない。実は、このような説明は以前にもあった。ザビエルが日本布教をしていた頃、大内義隆《おおうちよしたか》に対して同じような説明をしている。フロイス『日本史』に「（ザビエルは）当時日本中で最大の領主は、人々が語っている通り、既述の山口の国王［大内義隆］であることを看取し」たとあり（『フロイス「日本史」』第一部四章）、一五五一年九月二十九日付、山口発、インドのイエズス会員宛コスメ・デ・トルレス書翰にも「ポルトガル国王閣下以上の領地と家臣を有する大領主」と書かれている（『書翰』四一号）。大内義隆も同じように「最大の領主」と説明されていたわけである。したがって、信長は畿内地方の大領主として認識されたが、天皇や将軍のような日本全国の統一権力者ではなく、中国地方の戦国大名であった大内義隆と同じように、日本の主要な大領主として理解されていたのである。

これに関連して、一五七八年七月四日付、都発、ジョアン・フランシスコ書翰に「今では全日本の皇帝のようである信長が都にいた時」(Jap.Sin. より拙訳。『報告』Ⅲ5、一六三号を参照した)と、信長に「皇帝」という文言を用いる事例が登場する。これまで、日本で「皇帝」の表記がされていた権力者は天皇と将軍であったが、信長は皇帝のような存在として位置づけられた。しかし、これも厳密に言えば、信長を日本全国の「皇帝」としたわけではなく、それに近い存在にとどまり、信長を日本全国の統一権力者として位置づけるには至っていない。

信長最後の評価

信長の表記の仕方がはっきりと変わってくるのが、本能寺の変(天正十年六月)前後のイエズス会書翰からである。まず、一五八二年二月十五日付、ガスパル・コエリョによる一五八一年度日本年報を見ていきたい。

【史料5】

これらの地方[畿内]をすでに何年も支配してきた信長という領主は、領していた一小国から短期間のうちに日本の全君主国の君主になりました。現在、三十四か国を従えており、他の(国)にも手を伸ばし、さらに残るすべての(国々)の領主であることを望んでおります。……もしこれらの坊主達[本願寺ほか]がいなかったならば、彼[信長]はすでに日本全国の君主になっていたでしょう。……都の市は、別の機会ですでに記したように、日本全国の本来の君主である内裏が住んでいる地でありますが、今では彼［内裏］の支配は中身が失われ、形だけ残っているにすぎません。とはいえ、この市［京都］は日本全国の政庁であり、中心であります。……信長は都および天下〈日本人は日本の君主国をこのように呼んでおります（〈　〉は原文が（　）となっていることを示す。以下同様）〉の君主でありますが、普段は近江国安土山の市に住んでおります。（Jap.Sin. より拙訳。なお、この史料での「君主」の原文は senhor である。【史料6】も同様。『報告』Ⅲ6、一八三号を参照した）

続いて、一五八二年十一月五日付、ルイス・フロイスによる信長の死に関する報告書を見ていきたい。

【史料6】

彼［信長］は尾張という名の国のわずか半（国）の領主でしたが、彼の策略と軍事力によって、全日本の国王である内裏に次ぐ人物にあたる公方様に、都を治めるようにさせました。……その後、（信長は）公方を都から追放して、日本の君主国という天下と呼ばれる近隣諸国の平定に乗り出しました。これが順調に事をなしたので、（信長は）名声と地位を高め、わずか数年で五十国以上を征服し支配下に置きました。……（信長は）毛利を降伏させ、日本の全六十六か国の絶対君主となったならば、武力によって中国を征服するための大軍を準備し、また彼の息子達に諸国を分け与えることを決めていました。（Jap.Sin. より拙訳。『報告』Ⅲ6、一八五号を参照した）

【史料5】、【史料6】は、信長の権力者としての到達点を、イエズス会がどのように理解したのかについて、貴重な情報が盛り込まれている。信長はもともと尾張半国の領主にすぎなかったが、短期間で「日本の君主国」を平定したと説明されている。その「君主国」とは、どちらの史料にも日本語で「天下」であると記されている。このことから、イエズス会は信長を「天下の君主」と位置づけたことがわかる。

それでも信長に対して、天皇と将軍に用いていた「日本全国の君主」とは記さなかった。【史料5】には、本願寺がいなければそうなっていたであろうと、【史料6】には「日本の全六十六か国の絶対君主となったならば」とあるように、イエズス会は信長が「日本全国の君主」ではないとの認識のもと書き記している。ただ、【史料6】の報告書では、別の箇所で「全日本の絶対君主とみずから名乗る」とか「全日本の君主の信長は摠見寺《そうけんじ》という名の寺を建立しました」とあり、「日本全国の君主」との記述も見られる。しかし、管見の限りにおいて、この二例以外に信長を「日本全国の君主」とした表記は確認できない。しかも、この二例は、安土城を築き、傲慢になった信長を批判した形でフロイスは記しており、イエズス会が信長を「日本全国の君主」と評価したとするのは難しいであろう。

つまり、イエズス会の信長に対する評価は、本能寺の変で斃《たお》れる直前頃に「天下の君主」になったというものであった。この時期の信長がほかの戦国大名とは一線を画する権力者であったことは、イエズス会書翰を見ても容易に読み取れる。これまでのような戦国大名に用いていた「国王」という表現ではなくなり、信長には「天下の君主」という表記がされるようになった。この「天下」という言葉は、これまでイエズス会が用いてこなかった新たな表現であり、この語句を用いることで、イエズス会は日本の権力者観・国家観の捉え直しがなされたことを示している。この点は重要であるので、のちほどあらためて検討したい。

イエズス会の秀吉観

秀吉の登場

続いて、秀吉について見ていきたい。イエズス会書翰《しょかん》での秀吉の初見史料は、一五六九年七月十二日付、都発、豊後《ぶんご》のベルシオール・デ・フィゲイレド宛ルイス・フロイス書翰であると、筆者は考えている。同書翰に「この藤吉郎という名の貴人」と書かれているのがそれである（BNLより拙訳。『報告』Ⅲ3、一〇三号を参照した）。なぜ断定を避けたのかというと、これを秀吉と比定することに異が唱えられており、そちらの説の方が一般的だからである。同書翰の該当箇所は、フロイス『日本史』では「藤吉郎」から「伝十郎［当て字］」に改められている。松田毅一氏はフロイス『日本史』を執筆する際、藤吉郎が伝十郎の誤りであったことに気づき、訂正したものと推測している（『フロイス「日本史」』4巻第三八章の注20）。実際、伝十郎という人物は信長の側近におり、松田氏は大津《おおつ》長昌《ながまさ》と比定している。

たしかに松田氏の説も成り立ちうるので、氏の説を斥《しりぞ》けることはできない。ただ、筆者はエヴォラ版日本書翰集だけでなく、より良質なリスボン国立図書館（BNL）所蔵の古写本を確認したが、こちらも「藤吉郎」と記されていた。また、フロイスは京都滞在の再許可を求めて、当該人物に信長への取次を依頼し、彼からも副状《そえじょう》が与えられたと記している。この頃、秀吉は京都の政務を担当しており、東寺に信長朱印状の副状を発給している事例が確認できる（『信長文書』一八二号。名古屋市博物館編『豊臣秀吉文書集』一、吉川弘文館、二〇一五年、一二号および一三号）。さらに和田《わだ》惟政《これまさ》は、この人物にフロイスの支援を求める書状を出している。秀吉はしばらく京都にいたことに加え、永禄十一年（一五六八）十二月十六日付の松永《まつなが》久秀《ひさひで》に宛てた連署状に、秀吉と惟政が連署している（『信長文書』一三八号）。このように両者のつながりを示す事例が散見されることから、惟政が秀吉に書状を出すことは十分考え

図13　豊臣秀吉画像（公益財団法人阪急文化財団逸翁美術館蔵）

られる。一方、惟政と大津長昌とのつながりは不明である。以上の点から、筆者はあらためて秀吉と比定したい。

なお余談であるが、エヴォラ版日本書翰集では削除されているが、このフロイス書翰には前述のリスボン国立図書館所蔵の古写本に「明智十兵衛」という記述が見られ、これがイエズス会書翰での明智光秀《あけちみつひで》の初見である。

その後は中国攻めの時に登場し、「藤吉郎」という表記がされ（一五七八年四月七日付、都発、ジョアン・フランシスコ書翰ほか）、織田軍団の一翼を担った「部将」の一人として、イエズス会に認識されていた。しかしながら、イエズス会が秀吉に注目するようになるのは、信長が本能寺の変で明智光秀によって斃《たお》された後まで待たなければならない。

「天下」の奪い合い

一五八二年十一月五日付、ルイス・フロイスによる信長の死に関する報告書で、安土城《あづちじょう》に秀吉の邸宅が建てられたことと、秀吉軍が毛利勢と戦っている様子が記されている。この報告書以降、秀吉の表記がこれまでの「藤吉郎」から「羽柴殿」や「羽柴筑前殿」、「筑前殿」に変わっている。イエズス会の秀吉への評価が上がったのであろう。

次に、一五八四年一月二日付、ルイス・フロイスによる一五八三年度日本年報には、秀吉が信長の死後に畿内支配を行った様子が記されている。

この書翰と一緒に、巡察師のアレッサンドロ・ヴァリニャーノに送った別の書翰で、（ヴァリニャーノは）すでに日本の情報を得ており、（日本の）土地や身分の高い人々のことを知っておりますので、日本で起きた事柄や、信長の死後に起きた戦さ、天下すなわち都に隣接する国々の君主国の支配や統治を誰が手にしたかについて、私達は彼［ヴァリニャーノ］に書き記しました。その者は、今のところ信長の家臣であった一人の貴人で、羽柴筑前殿という名の者であります。（彼は）戦さにおいてたいへん勇猛で敏腕でありますが、あまり身分や家柄は良くありません。（Jap.Sin. より拙訳。『報告』Ⅲ6、一八九号を参照した）

本能寺の変から一年以上経って書かれた報告書であるが、イエズス会は信長の後継者として秀吉の名をあげている。言うまでもなく、秀吉が「天下の君主」である信長の後継者として認められるまでには、織田家の一族や重臣などを従える必要があった。事実、秀吉は山崎《やまざき》の合戦で明智光秀の軍勢に勝利し、織田家の後継者を決める清洲会議《きよすかいぎ》でも優位に事を進めたが、信長の重臣であった柴田勝家や信長の三男織田信孝《のぶたか》との対立が続いた。この年報にも、秀吉の強敵として柴田勝家や織田信孝の名があげられている。とりわけ勝家に対しては、「（秀吉は）

図14　織田家略系図

信長—┬—信忠——秀信（三法師）
　　　├—信雄
　　　└—信孝

柴田殿という名の一貴人をたいへん恐れていました」（Jap.Sin. より拙訳。『報告』Ⅲ6、一八九号を参照した）とあり、秀吉は勝家を相当警戒していたことが読み取れる。

織田信孝についても、大徳寺《だいとくじ》での信長の葬儀に参列する者達が、信長の嫡孫にあたる三法師《さんぼうし》が成長するまで信孝が「殿様」であり、「天下の君主」になるであろうと語っていたという（一五八二年十一月五日付、ルイス・フロイスによる信長の死に関する報告書）。信孝自身も「天下の君主」になることを望んでおり、柴田勝家とともに秀吉と対峙し、敗れたことが記されている（一五八四年一月二十日付、長崎発、アレッサンドロ・ヴァリニャーノ宛ルイス・フロイス書翰）。

秀吉はこうした信長の子息や家臣達との争いを経て、秀吉が信長の跡を継いで「天下の君主」になったと、イエズス会も認めるようになった。その秀吉が次に目指したのが「日本全国の君主」であった。一五八四年一月二十日付ルイス・フロイス書翰には、「全日本の絶対君主となるまでとどまることがないようです」（Jap.Sin より拙訳。『報告』Ⅲ6、一九〇号を参照した）と書かれており、事実秀吉による全国統一は着々と進められていった。

関白秀吉

天正十二年（一五八四）、「本所殿」と記された信長の次男織田信雄《のぶかつ》が、徳川家康に助けを求め、秀吉と対立し、戦うことになった。小牧《こまき》・長久手《ながくて》の戦いである。一五八四年八月三十一日付、長崎発、イエズス会総長宛ルイス・フロイス書翰に、この戦いのことがふれられており、秀吉方は家康方に大敗したことが記されている。また、秀吉方に与《くみ》した武将の中で、結城ジョアンなどのキリシタン武将の動向が詳細に記されている。その後、周知のように秀吉は織田信雄、徳川家康と和睦《わぼく》したが、この点についてものちのフロイス書翰にふれられている（一五八五年八月二十七日付、長崎発イエズス会総長宛書翰ほか）。どちらが勝利し、権力を掌握するのか注視していたのであろう。

その後、秀吉の官位の昇進が進み、天正十三年に関白《かんぱく》となるが、イエズス会はこのことにも注目している。一五八五年十一月十三日付、長崎発、イエズス会総長宛ルイス・フロイス書翰を取り上げたい。

羽柴筑前殿は、全日本の国王である王［天皇］から与えることができた最高の権威と栄誉を受けるため都に向かいました。それは、（天皇が）彼を名誉において王のすぐ次の（地位に当たる）関白殿に任じたことであり、（これは）信長の才知や権力、王に示した多大なる庇護をもってしても、彼がたいへん望んでいたこの称号を与えなかったものであります。……このようにして、（秀吉は）全日本の絶対君主となりつつあります。（『報告』Ⅲ7、一九六号）

フロイスは、関白は天皇に次ぐ高位の称号であると記し、秀吉はこの官職に就いたことによって、日本全国の絶対君主になるのも目前というところまで達していると認識した。

史実と照らし合わせても、フロイスの理解は的を射ているであろう。信長も関白就任を望んでいたという記述については、信長の三職推任《さんしょくすいにん》に関する事柄が想起される。三職推任とは、天正十年五月、朝廷からの勅使が安土に赴いて、太政大臣《だいじょうだいじん》・関白・将軍のうち、信長が望むいずれの官職にも就任するよう申し入れたものである。したがって、信長が関白になる可能性はたしかにあった。しかし、このフロイスの記述は、信長が関白就任を望んでいても天皇は与えなかったという史実とは異なるものである。よって、信長が関白就任を望んでいた箇所だけを事実として取り上げるのは問題がある。信長が関白を望んでいたのか否かについては、日本側の史料からの傍証がほしいところである。

それ以降、秀吉は「ほぼ日本全国の君主」というように、関白就任によって日本全国の君主に近づきつつある権力者と位置づけられ、最終的には「日本全国の絶対君主」と評されるようになった。いつイエズス会が秀吉を「日本全国の君主」と評価したのかは、イエズス会書翰から正確な時期を特定することは難しい。一五八八年二月二十日付、有馬発、ルイス・フロイスによる一五八七年度日本年報で、天正十五年六月十九日に伴天連《ばてれん》追放令を発した秀吉に対して、「残虐な暴君で、全日本の絶対君主」(『報告』Ⅲ7、二〇五号)との記述が確認できることを考えると、九州平定を果たした時期と考えるのが妥当であろう。

実際、秀吉が全国平定するのは天正十八年であるが、イエズス会にとっては、彼らの中心的な布教活動地域である西日本を秀吉が平定したことがきっかけだったのではなかろうか。この時点で、秀吉は日本の統一権力者であり、絶対君主になったと評価したものと思われる。しかし、その一方でイエズス会は、伴天連追放令を発した秀吉を、キリスト教を迫害したローマ皇帝のネロと例え、「暴君」と呼んで批判した。

家康の天下

家康がはじめて登場する書翰は、一五七一年九月二十八日付、都発、アントニオ・デ・クアドロス宛ルイス・フロイス書翰である。この書翰はエヴォラ版日本書翰集にも収められているが、大幅な省略があり、家康に関する記事もその省略部分である。そこには、元亀元年（一五七〇）、家康が足利義昭《あしかがよしあき》に会うため入京した時、イエズス会の教会近くの寺院を宿所としたので、和田惟政が教会の門番に兵を送ったことが記されている。この時の家康の表記は、ほかの戦国大名と同じく「三河《みかわ》の国王」であった（Jap.Sin. より）。

次は、一〇年ほどののちの一五八一年四月十四日付、都発、日本にいる一司祭宛ルイス・フロイス書翰に登場する。武田軍が高天神城《たかてんじんじょう》に食糧を運

図15　徳川家康画像（東照宮蔵）

んだ出来事を述べる場面で、「三河の国王」という表記で記されている。天正三年（一五七五）五月の長篠《ながしの》の戦いののち、家康は遠江《とおとうみ》攻略に入るが、東遠江の拠点とも呼べる高天神城攻めが争点になっていた。天正八年に入り、徳川軍は武田軍の籠る高天神城を攻囲し、兵糧《ひようろう》攻め《ぜ》を展開している。フロイスの記述は、徳川軍の城攻めに対する武田軍の動向を説明したものであろう。

一五八二年十一月五日付、ルイス・フロイスによる信長の死に関する報告書には、家康が京都を訪問したことが記され、信長の義兄弟という説明がされているが、権力者としての評価は「三河の国王」と変わらない。豊臣政権期は「家康」と呼び捨てで記される時期が続くが、秀吉が亡くなる頃になると「内府様《ダイフサマ》」と表記され、一六〇三年に征夷大将軍《せいいたいしようぐん》に就任すると「公方様」や「将軍」と呼ばれるようになった。

「天下」＝君主国

「天下」の使用

イエズス会は、秀吉を「日本全国の君主」と評価し、日本全国を統治する権力者が誕生したと理解した。これは、足利将軍に代わる権力者として、秀吉を評価したことを示している。一方、信長については、彼を「日本全国の君主」と記した事例がわずかながらに見られることから、信長から日本全国を治める新たな権力者が誕生したとすることもできよう。しかしながら、これをイエズス会全体の判断とするには、先に述べた通りに不十分な点が多い。イエズス会の認識では、信長は「日本全国の君主」に近づきつつある権力者ではあったものの、道半ばにして家臣明智光秀《あけちみつひで》によって斃《たお》されたと考えるのが妥当である。では、信長をこのように位置づけると、中世から近世に移行する過程のなかで、織田権力をイエズス会はどのように捉えたのだろうか。

信長はたしかに全国を統一するには至っておらず、イエズス会は「日本全国の君主」とは評価しなかったようである。しかし、イエズス会は、織田権力が先の戦国大名権力とは大きく異なり、信長の強大さをたびたび指摘している。注目すべきは、イエズス会が信長の時代から「天下」という日本語を使い始めた点にある。イエズス会が「天下」をどのように理解したのかを探ることで、戦国期から織《しょく》豊《ほう》期へ移行する過程と織田権力の意義が見えてくるのではないだろうか。

まず、イエズス会が「天下」を使用した時期を見ていきたい。管見の限りにおいて、イエズス会書翰《しょかん》での「天下」の初見史料は、一五八一年四月十四日付、都発、日本にいる一司祭宛ルイス・フロイス書翰である。安土《あづち》での左義長《さぎちょう》と馬揃《うまぞろ》えの記事を載せ、その「祭り」は信長の名声を天下に知らしめるためであったという説明の中で「天下」が使用されている。次に見られるのが一五八二年二月十五日付、ガスパル・コエリョによる一五八一年度日本年報である。ガスパル・コエリョが安土の修院と司祭館の情報を伝える場面で、信長を「都および天下の君主」と伝えている。同年十一月五日付、フロイスによる信長の死に関する報告書でも、信長の統一事業の中で「天下」の征服に乗り出した記事が書かれている。

このように、イエズス会は信長の時代になってはじめて「天下」を使用し、その使用時期は天正九年（一五八一）以降であったことがわかる。無論、イエズス会が「天下」に注目したのは、これらの書翰や年報を書き認《したた》める以前となる。この時期は特定できないが、イエズス会が信長を「天下の君主」と認めるようになったのは、キリシタンの多い堺《さかい》や河内《かわち》が信長の勢力下となった、本願寺との講和以後のことではなかろうか。

周知のように、信長自身は永禄十年（一五六七）より「天下布武《てんかふぶ》」印を使用しており、永禄十二年には禁制をフロイスに与えている。そこには「天下布武」の朱印が捺《お》されていたはずなので、フロイスは「天下」という文言を実際目にしていることになる。朱印については、一五六九年六月一日付、都発、ベルシオール・デ・フィゲイレド宛ルイス・フロイス書翰でふれているのだから、筆まめのフロイスならば、「天下」をこの書翰に書き記していてもよかった。また、信長が本能寺の変で斃れるまで数十回と対面したフロイスが、「天下」という言葉を天正九年頃まで一度も聞かなかった可能性も低い。

にもかかわらず、イエズス会書翰に「天下」は書かれてこなかった。それは、フロイスら宣教師が「天下」という言葉を耳にしていたにせよ、さほど重要な語句ではなかったと判断したからにほかならない。信長は「天下」を用い、そこに自身の政治理念を込めたのであろうが、日本の諸事情を理解しないイエズス会は、「天下」という言葉が周囲に認知されるようになった段階で、ようやくこの言葉に注目し、書翰に書き記すようになったと考えられる。

天下についての論点

では、「天下」のもつ意味について考えていきたい。「天下」については早くから研究者の間で注目され、膨大な研究蓄積がある。ここでは本書に大きく関わる点に着目して「天下」について考えてみたい。

筆者の問題関心と非常に近い視点で「天下」を研究しているのが、神田千里氏である。神田氏はそれまでの研究史をふまえたうえで、日本側の史料はもとより、イエズス会史料にも目を向けながら「天下」の分析を行っている。その成果は本書に通じている点も多い。

神田氏は、織田信長が朱印状に用いた「天下布武」の文言に注目し、これを武力による全国統一と解釈されてきたことの誤りを指摘した。この時代では、「天下」は将軍そのものや将軍の管轄する政治など将軍に関連している事例、中央政権への世論の主体を表している事例が目立つことをあげた。「天下」の語句は、大名領国を表す「国」とは区別された領域であるとした。とりわけ天下の範囲について注目し、国内の史料やイエズス会史料を分析して、漠然と日本全国を指すというよりは、もっと限定された、五畿内を指している語句であると結論づけた。その範囲は足利将軍の時代から信長、秀吉の時代に至って「天下」の範囲が広がり、秀吉の時代になると「天下」はほとんど日本全国といっていいほどに広がるが、その内実が変わったわけではないとした（「中世末の「天下」について―

戦国末期の政治秩序を考える―」『武田氏研究』四二、二〇一〇年）。しかし、のちに「天下」の範囲は徳川の時代に至っても変わらずに五畿内であったと改めたようで、「天下」の範囲に広がりを見せるとする記述は見られなくなる（『織田信長』筑摩書房、二〇一四年）。

筆者も過去にイエズス会史料を用いて同じようなことを述べてきた（拙稿「宣教師からみた信長・秀吉」堀新編『信長公記を読む』吉川弘文館、二〇〇九年ほか）。イエズス会の国家観をみていても、大名領国を「国」として位置づけ、「天下」はそれとは別次元の言葉として区別している。「天下」の範囲についても畿内を指す事例が多いことは、イエズス会史料からも裏づけがとれる。これらの点から神田氏の見解とは共通する点が多い。しかしながら、神田氏の指摘は、「天下」の範囲が日本全国というより畿内を指すことに意識が注がれ、後続の研究では「天下」は五畿内を指すという該当領域に言及しているものが多くなっている。筆者は天下の範囲を明らかにする以前に、まずは「天下」のもつ意味を考える必要性を感じている。

イエズス会の考える「天下」

では、西洋人は「天下」をどう理解していたのであろうか。まず『日葡《にっぽ》辞書《じしょ》』を見ていきたい（『エヴォラ本日葡辞書』清文堂出版、一九九九年を使用した）。

天下：てんか Tenca

天が下：あめがした Amega xita.
君主国もしくは帝国：Monarchia, ou imperio

「天下」とは「君主国」または「帝国」のことであると、説明はいたってシンプルである。信長の時代に書かれたイエズス会書翰にも「君主国」と説明されていたことから、「天下」は西洋人の間で「君主国」と理解されていたと考えてよい。

では、君主国とは何であるか。『日葡辞書』やイエズス会書翰のポルトガル語原文ではMonarchiaと記されているが、現代ポルトガル語では「モナルキーア monarquia」という綴《つづ》りになる。ポルトガル語辞典によると、モナルキーアは本来「ただ一人の最高権力者、すなわち君主・帝王による支配体制」という意味になる。「君主国（モナルキーア）」も「天下」と同じように、特定の地域を指すというよりは、中央権力や中央政権を表す概念的な用語であることがわかる。イエズス会の「天下」観は、「天下」イコール「君主国」であり、それは「君主が治める支配体制」である。議論はここから始めなければならない。

イエズス会書翰の中から「天下」について説明された事例を見ていくと、イエズス会が「天下」すなわち「君主国」をどのように理解していたのかが浮かび上がってくる。一五八八年二月二十日付、有馬発、ルイス・フロイスによる一五八七年度日本年報をあげよう。

このうち［本州を指す］、最も主要なものとして五畿内の五ヵ国があり、日本の君主国を形成しております。なぜなら、そこに全日本の首都である都があるからです。五畿内の領主になった者が、天下、すなわち日本の君主国の君主と呼ばれます。（そして）その権力に応じて、天下の君主である者が、そのほかの国々を従えようとすることになります。（Jap.Sin. より拙訳。『報告』Ⅲ7、二〇五号を参照した）

本州の主たる地域として五畿内をあげており、この地域が日本の君主国を形成していると言っている。その根拠として、五畿内は日本全国の首都である「都（＝京都）」があることをあげている。「都」が日本の首都であることは、イエズス会書翰でたびたび説明されているので、京都が日本の中心であることは、早くから彼らの間で共通認識となっていた。ほかのイエズス会書翰にも「天下、すなわち都に隣接する国々の君主国」、「天下、すなわち都の国々」、「都および天下」といった事例があることからわかるように、「天下」は京都を中心とした畿内諸地域を指している。これは、「天下」が日本全国ではなく、京都を含む畿内を指していることが確認できる。

しかし、イエズス会は、「天下」をイコール京都および五畿内というように、地域や範囲を示す言葉とは捉えていない。「君主国」の原語であるモナルキーアが、「君主による支配体制」を意味する言葉であることから容易に理解できるであろう。この書翰では、五畿内を支配した者が「天下の君主」すなわち「日本の君主国の君主」なのだと言っている。

つまり、「天下」の領域にこだわれば京都とその周辺地域ではあるが、それはこの地域に日本の首都京都があったからで、だからこそ五畿内を君主国すなわち中央政権の地であると、イエズス会は捉えたのである。そして、そこを支配した者が日本の君主国を従えたということで、「天下の君主」になるとの考えであった。次の一五八六年十月十七日付、下《しもの》関《せき》発、アレッサンドロ・ヴァリニャーノ宛ルイス・フロイス書翰にある「天下の君主」に対する説明を見ていきたい。

また留意すべきは、数年前から日本の最も権力のある国王〔信長〕の一人の部将〔秀吉〕が立ち上がり、ほぼ全（国）の君主となりました。彼は現在天下の君主（で）関白殿と呼ばれております。これは日本の最高の国王の名称です。（『報告』Ⅲ7、二〇三号）

ここでは、「天下」の支配領域に関する説明はない。秀吉を「天下の君主」と位置づけ、それは「関白《かんぱく》」と呼ばれ、「日本最高の国王」なのだと説明している。これまで「天下」は君主国と理解されてきたが、君主国の支配者は「日本最高の国王」となりえる存在であった。書翰が記された天正十四年（一五八六）は、まだ秀吉は全国を統一していたわけではない。このことから、「天下の君主」を「日本全国の君主」や「日本全国の国王」とイコールとしていたわけではないことがわかる。「天下」は日本全国を支配しているかどうかではなく、君主国を支配下におけば「天下の君主」であり、それは「日本最高の国王」とみなされるということなのである。

「天下」の共通理解

それでは、この「天下」と「天下の君主」に関するイエズス会の理解が、豊臣政権から江戸幕府に移る過程のなかで、変化が認められるか否かを探っていきたい。

このことを確認するために、ジョアン・ロドリゲスの『日本教会史』を引用したい。ジョアン・ロドリゲスもまた、日本で布教経験のあるイエズス会宣教師である。ロドリゲスは天正五年（一五七七）に来日し、慶長十五年（一六一〇）にマカオに追放されるまで日本で宣教活動にあたった。日本語が堪能であったことから通事《つうじ》（通訳）として活躍するとともに、日本語の文法書である『日本大文典《にほんだいぶんてん》』や『日本小文典《にほんしょうぶんてん》』を著している。

その彼が『日本教会史』を担当することになった経緯は、一六一〇年頃にローマのイエズス会本部が日本宣教に携わった宣教師の手で『日本教会史』を編纂《へんさん》することに前向きになったことから始まる。もともとはその執筆担当にマテウス・デ・コウロスが命じられていたが、その頃日本が禁教へと加速する情勢のなかで、彼自身が大病を患うなどの事情から、ジョアン・ロドリゲスが担当することになった。

このように『日本教会史』は、日本布教を担当したイエズス会宣教師による日本情報の集大成とも呼べる記録の一つである。実際に個々の事柄の記述が正確であり、イエズス会の「天下」に対する理解を読み取るうえでも非常に価値のある史料である。『日本教会史』第五章にある該当箇所をあげる（『大航海時代叢書』Ⅸ、岩波書店、一九六七年）。

【史料7】

［これより前の箇所には、本州中央部を第一には上、第二に畿内と呼ばれているとの説明がなされている。］第三には天下と呼ばれる。それは日本を支配下におさめている帝国とか君主国とかを意味する。国王の手中にある日本全体の政府がそこにあり、また、武家階級の領主たちが国王の政府を簒奪《さんだつ》した今日においても、またそこにあるために、そういわれるのである。かの地方を支配する者は、天下を治め、全（国）の命令権、支配権、統治権を得るといわれ、その人を通常は天下の君主、あるいは将軍、公方と呼んでおり、王国の総司令官である。

以上の内容は、『日葡辞書』やこれまであげてきたイエズス会書翰とぴったり一致している。『日本教会史』に書かれた内容は、イエズス会の共通理解だったことを裏づけるものといえよう。

本州の中央部は「上《かみ》」、「畿内」、「天下」と呼ばれ、「天下」は日本を支配下に治めている「帝国」や「君主国」を意味しているとある。そこには日本全体の政府があり、そこを支配下に置くことで「天下」を掌握し、日本全国の「命令権、支配権、統治権」が得られるという。ここで見られる「命令権」や「支配権」といった語句は、ザビエルが来日する以前に作成されたランチロットの日本情報以来、イエズス会の権力者情報にはたびたび出てくる言葉で、権力者を「国王」に位置づけるうえでの指標となる語句であった。ザビエルが入京した後は、戦国大名が「命令権」、「支配権」を有する権力者として「国王」と称されたが、それはあくまで彼らの領国にとどまっていた。しかし、「天下」という日本の君主国を支配した織豊権力は、日本全国の「命令権」、「支配権」を得たことになり、その支配力や影響力は全国に及ぶものとなった。その点において、「天下の君主」による支配体制を日本の中央政権と位置づけることが可能であり、先の大名権力とは次元の異なる政権の誕生とイエズス会は評価したことが読み取れる。

しかも、これまで述べてきたように、イエズス会は信長・秀吉・家康三者をそれぞれ「天下の君主」とした。この点は重要であり、「天下の君主」による支配体制は織田政権から徳川政権へと継承されていったことが読み取れる。たしかに全国統一を果たしたのは秀吉であり、信長は実現できなかった。そのため、全国を統一したか否かで考えれば、豊臣政権から新たな時代が始まったといえる。しかし、イエズス会が注目した「天下」が信長から用いられたことに注目すれば、織田政権から新たな時代と捉えることができる。つまり、イエズス会の権力者観によれば、「天下の君主」による支配体制は、これまでの室町幕府に代わる新たな中央政権であり、織田政権をもってその誕生と評価することができるのではないだろうか。

天皇の存続理由

再びジョアン・ロドリゲスの『日本教会史』の【史料7】に注目したい。ロドリゲスは「天下の君主」を「将軍」や「公方《くぼう》」と呼ぶとある。『日本教会史』は江戸時代に書かれたものであり、徳川家が征夷大将軍《せいいたいしょうぐん》に就いていたから、そう言っているにすぎない。秀吉の時代には「関白」と呼ばれたことはすでに述べた通りである。したがって、「天下の君主」が何を指しているかを問うこと自体はあまり意味がない。

ただし、該当するものが官職という点は注目に値する。事実、秀吉と家康はそれぞれ関白、征夷大将軍の官職を受けている。重要なのは、イエズス会は秀吉が「日本全国の君主」になりつつあると評価するとともに、「関白」という「最高の権威と栄誉」を授与した天皇にも注目したことである。「天下の君主」であった秀吉が、みずから単独で「日本全国の君主」とはならず、天皇から「関白」を授与されて「権威」や「栄誉」を得たことを、イエズス会は見逃さなかった。「名誉の国王」と位置づけられた天皇の権威の源泉を、彼らは「権威」や「栄誉」の授与、すなわち官位叙任に見たのである。だからこそ、フロイスは『日本史』第一部序文において、「当（日本）六十六カ国全体の最高君主であり、国王かつ主権者はただ一人であって、これを王、もしくは天皇、または内裏と称する」（『フロイス「日本史」』）と天皇を評価するのである。

イエズス会は、来日する前から天皇について言及してきた。ザビエルが入京するまでが、天皇を「日本国王」として最も高く評価していた時期である。しかし、ザビエルが入京した後は、実質的な権力のない「名誉のみの国土」との評価に至ることになり、天皇に注目した記事は見られなくなった。その後、畿内布教が行われると、正親町《おおぎまち》天皇が伴天連《ばてれん》追放の女房奉書《にょうぼうほうしょ》や綸旨《りんじ》を出し、イエズス会は京都居住が困難になった状況に陥ったことにより、天皇がクローズアップされる。しかしこれも信長によって京都滞在が認められると、イエズス会は天皇についてあまりふれなくなる。その後、イエズス会書翰や日本年報などでふれられるにしても、天皇を「本来真の国王である」と説明する程度であった。

これに対して、豊臣期のイエズス会書翰に見られる天皇関連記事は、同様に「名誉のみの国王」ではあるが、「（天皇が秀吉を）名誉において王のすぐ次の（地位に当たる）関白殿に任じた」（一五八五年十一月十三日付、長崎発、イエズス会総長宛ルイス・フロイス書翰）と、実質的な権力者の秀吉よりも明確に上位に位置づけている。秀吉という名実ともに日本の統一権力者が誕生してもなお、天皇の権威は失われなかったばかりか、それより上位の権力者であるとイエズス会は理解したのである。

そもそも彼らが天皇を「本来の国王」と表現したのは、日本は武家単独の政権ではなく、朝廷という別の政治機構が存在すること、朝廷の方が本来の政治機構であったことを伝える必要があったからである。もちろん天皇が全国を統治する権力をもたないことは、イエズス会もよくわかっていた。

にもかかわらず、秀吉の治世になっても、天皇を「国王」ないし「皇帝」と位置づけたことは無視できない。秀吉の権力が最も優勢であった時代で、このような説明がなされるのは、たとえ秀吉の権力が強大であったとしても、秀吉は従来の政治機構を破壊して新たに創成することはせず、むしろ旧来のそれに基づく政権づくりを行ったと、イエズス会は捉えたからである。イエズス会は、当時の日本は公武対立という状況、あるいはどちらかの支配体制に一元化されるようなことはなく、戦国期から織豊期に移っても公武が併存する支配体制であると読み取ったのである。

王権論の可能性

イエズス会の捉えた「王」

王権論の魅力

王権論の魅力は、王の有する権力と権威の源泉や内実を知ることで、王たるゆえんを探れることにある。それは単なる権力構造という外枠だけでなく、権力者のカリスマ性や聖性といった内面をも描き出した権力者像を導き出せることに特長がある。

それに加えて、筆者が前章までの成果から王権論へと駒を進めたい理由は、王権を論じることによって日本史という枠にとどまらず、グローバルヒストリーや比較歴史学と同じ土俵に載せることができるのではないかと考えているからである。イエズス会が日本布教を始めた時期は、西洋史では大航海時代、東洋史では後期倭寇《わこう》が暗躍する時代であり、日本史では中近世移行期にあたるという、世界規模で大変革の時代であった。日本人の対外的視野も、対中国・朝鮮関係といった極東アジアに限定されていたのが、東南アジアや西洋諸国をも視野に入れて広がりを見せていった。こうした世界の動きを日本側からの視点だけではなく、諸外国側からの視点も組み込むことによって、同時代に生きた各国の権力者の在りようを、より深く理解することができると考えている。その点において、西欧史研究との結びつきを容易にする王権は、有効な研究概念となりうるのではないだろうか（その成果として、水林彪ほか編『比較歴史学大系1　王権のコスモロジー』弘文堂、一九九八年や、網野善彦ほか編『岩波講座　天皇と王権を考える』岩波書店、二〇〇二～〇三年などがあげられる）。

王権論の現状

日本史研究では、主に古代史で積極的に王権論が議論されてきた。その成果の一つにあげられるのは、ヤマト王権という考え方であろう。朝廷や政権ではなく王権を用いたところに、この時代の支配や統治の実態をより正確に捉えようとする姿勢がうかがわれる。

これに対して、中世と近世の王権論は天皇だけではなく、武家の権力者をどのように王権に組み込むかという問題を抱えている。そのため、中世と近世の王権論は統一的な見解に至っているとは言いがたく、この時代の王権論を難しくしている。王権とは簡単に言えば王の権力ということだが、その王とは何者なのかという部分が難解なのだろう。そのためにも、王の所在を考えることは、中世史と近世史の王権論を考えるうえで必要な手続きであるといえる。

その場合、考えなければならないのが、天皇と、武家の権力者との関係である。天皇のみを王と捉えるのか、それとも双方それぞれを王と位置づけるのか、日本の王権を論じるうえで避けられない問題である。中世史での王権論は、王権を朝廷のみに求めず、幕府も王権と位置づけることで、中世日本には二つの王権が存在したとの見解が示されている（永原慶二「日本前近代社会の展開と天皇」『日本史研究』二八三、一九八六年ほか）。このような中世王権論の動向を受けて、近世史でも織豊《しょくほう》期と徳川期で王権が論じられている。織豊期では、堀新氏が織豊期権力の在りようを公武結合王権と捉え、公家と武家を結びつけて王権論を展開している（『織豊期王権論』校倉書房、二〇一一年）。一方、徳川期では徳川王権を重視する立場で近世王権論が進められている（山本博文『江戸時代の国家・法・社会』校倉書房、二〇〇四年ほか）。近世王権論も中世王権論と同じように、公武（朝幕）関係を中心に議論されていると考えてよい。

王権の定義づけ

これまで、日本史における王権論は、王権の定義づけと王の所在について議論が不十分であったことから、王権を論じる意義が伝わりにくいという問題が生じていた。この状況を克服するべく、堀新氏は王権の定義づけをすることで、王権の統一的理解を主張し、荒木敏夫氏の述べた王権の意味づけを受け継いだ。荒木氏は王権の意味を、①王の権力、②王を王たらしめている構造・制度、③時代を支配する者・集団の権力の三つをあげている（『日本古代王権の研究』吉川弘文館、二〇〇六年）。古代史では王といえば天皇になるので混乱はないが、中世史と近世史では天皇だけではなく、武家の権力者も含まれるので①と②に記されている王の所在を考えねばならず、よって③からアプローチしなければならない。また、荒木氏の主張とは別に、山本博文氏も王権の定義を示しており、王権をしかるべき手続き（軍事的勝利、世襲、選挙、上位権力の承認など）によって就任し、その国の正当な統治者として被統治者の多数から承認される権力と規定している（「徳川王権の成立と東アジア世界」水林彪ほか編『王権のコスモロジー』弘文堂、一九九八年ほか）。武家政権成立後は天皇に限定せず、日本を治める正当な統治者に王権を求めてきたといえよう。

筆者も各氏の主張と同じように王権を定義づけしたうえで論ずべきだと考えている。そのうえで、西洋史研究との比較検討が行える利点から、王権をイエズス会史料からアプローチしていきたい。イエズス会は中近世移行期に日本で布教活動を行った修道会で、日本の権力者やその移り変わりを目の当たりにしてきた。彼らの書き認《したた》めたイエズス会史料をもとに、前章までで中近世移行期日本の権力構造とその推移を分析した。この分析において筆者が重視したのは、「王」と訳しうる語句であった。この語句を分析することで、筆者の意図する王権論に結びつくのではないかと考えている。

「ウォー」からの王権

イエズス会史料の中で「王」と訳しうる語句は、「ウォー Vo」と「レイ Rei」である。本書では、これまで「ウォー」は「王」と、「レイ」は「国王」との訳語を充ててきた。それは、訳語からの混同を避けるためで、ともに「王」と訳せることは第一章で述べた通りである。

まず「ウォー」から見ていこう。イエズス会史料に見られる「ウォー」は日本語の「王」で、イコール天皇というのがイエズス会の理解であった。このことを邦文史料の「王」で確認すると、「王」の事例のほとんどが天皇を指すという堀新氏の指摘に当てはまる（『織豊期王権論』校倉書房、二〇一一年）。このことは、当時の日本人が「王」とは天皇であると考えていたことを示すもので、このことをイエズス会が聞き知ったものと思われる。国内外の史料で合致することから、「ウォー」は当時の邦文史料の「王」と同一語と考えられ、邦文史料の「王」をベースに考えてきた日本王権論と同じ土俵で議論することが可能である。しかし、そうであるならば、むしろ邦文史料を中心に扱うべきであり、イエズス会史料を積極的に扱う有用性は低い。

また、中世と近世の王権論では、天皇とともに武家の権力者も王権を構成する権力として論じられてきた。筆者も、武家政権成立以降は、武家を抜きにして日本の王権を論じることは難しいと考えている。たしかに、「ウォー」からも邦文史料にある「王」からも、王権の一角を担う朝廷側の王権を論じることはできる。しかし、この語句に固執する限り、一方の武家について論じることはできない。そのため、「ウォー」から導き出した王権論からでは、天皇論の範疇《はんちゅう》を超えることは難しいことを示している。

「レイ」からの王権

次に「レイ」が王権論を考えるうえでのキーワードになるか検討したい。「レイ」は日本語の「王」と同じ意味ではなく、西洋人が理解するところの「王」である。「レイ」は命令権・支配権を有する「国の君主、国王」を指す言葉で、実質的な権力者に対して用いられている。すなわち、「レイ」の該当者は「その時代を支配した権力者」ということになり、これは荒木敏夫氏の述べた王権の③の意味に当てはまる。よって、王権の定義にも通用する概念である。しかも、興味深いことに、イエズス会は天皇と足利将軍をそれぞれ「レイ」とみなしていた。武家も一つの王権を構成すると考えてきた中世・近世王権論に照らし合わせてみると、「レイ」が天皇と将軍両者を指すという事実は、朝廷と武家をそれぞれ王権とする重要な史料的根拠となるのではないだろうか。つまり、「レイ」の該当者は王権と考えられ、その権力を検証することで、中近世移行期の武家と朝廷の双方の王権が論じられるのである。

それとともに、イエズス会は戦国大名も「レイ」と位置づけた。ザビエルは天皇と足利将軍を日本国王と思って来日したが、実際に入京すると両者とも国王には値しないと判断し、戦国大名を領国の「レイ」であると評価した。イエズス会が戦国大名を「レイ」と評価したとはいえ、戦国大名を王権とすることに違和感を覚えるかもしれない。何より大名を王権とするには規模が小さすぎる。しかし、大名を「レイ」とする彼らの認識は、豊臣や徳川の時代に至っても変わることはなかった。先にもあげたが、これについてルイス・フロイスは『日本史』でこのように説明している。

彼ら［ポルトガル人］は……たとえば、平戸の国王、志岐の国王、天草の（国王）、その他これに類したことを言う。（しかし）実はこれらの人々は私達（の場合と）同様に皆、（日本語の）殿、すなわち限られた（権威の）貴人であって、そのような人は同一国内に多数いるのである。……しかし彼ら［大名］は一国、もしくは多くの国の絶対君主（であるには違いないので）通常、私たち（ヨーロッパ人）の間では、彼らのことを国王と呼び、その身分の高い家臣や諸城主、また幾つかの地方の支配者のことを殿と称している。（『フロイス「日本史」』第一部序文）

フロイスが『日本史』の執筆を始めたのは秀吉の治世である。戦国時代から秀吉の時代に移って全国統一が果たされる段階に至っても、一般には大名に対して「国王」が用いられていたことを伝え、フロイス自身もそれを否定するわけではなかった。史料にあるように、大名の権力はそれほど強大でないことを指摘しながらも、一国もしくはそれ以上の絶対君主であることは違いないので、大名は「国王」と呼ばれているとした。イエズス会だけでなく、ポルトガル商人達が大名に「レイ」を使用した以上、自国の王との共通性を見出していたはずである。王権を比較歴史学の中で議論するならば、大名をヨーロッパの国々の王と同列で評価した事実を無視することはできない。つまり、イエズス会は大名も王権と見ていたのである。

「皇帝」と「国王」

イエズス会は、ヨーロッパやアジア諸国では文字通り各国の国王に「国王（レイ）」を用いたのに対して、日本では天皇と足利将軍から戦国大名へと対象を変えている。そのため、「国王」の該当者が一貫していないことに加えて、天皇と将軍には「国王（レイ）」と「皇帝（エンペラドール）」という二種類の語句が使用されることになった。

「国王」と「皇帝」の二種類の語句が使われるようになった背景として、すでに述べてきたように、イエズス会は領国を治めている戦国大名を「国王」と位置づけたことがあげられる。このため、畿内布教が開始されると、天皇と将軍が戦国大名より上位の権力者であったため、「皇帝（エンペラドール）」が使用された。天皇・将軍と大名の関係をヨーロッパの皇帝と国王の関係に当てはめて説明しようとしたのであろう。この理解は、羽柴秀吉によって全国統一が果たされた後にも、徳川家康の治世に移った段階に至っても、変化は認められなかった。イエズス会は変わらずに大名を「国王」と表記し続けたのである。大名を「国王」と表記し、それが妥当であると判断したがゆえに「国王」を用い続け、そのため上位の権力者が登場する時に「皇帝」を使う必要が生じたといえるだろう。

したがって、日本の権力者に対して特別な意図をもって「皇帝」と位置づけたわけではない。イエズス会の理解によれば、大名を「国王」と捉えたことが先にあり、その後天皇と将軍を「皇帝」と位置づけたにすぎない。このことから、イエズス会が日本を他国とは異なり、帝国として高く評価したという理解にも至らないであろう。

また、「レイ」と「エンペラドール」をそれぞれ「国王」と「皇帝」というように日本語訳したため、訳語から考えると中華思想や華夷《かい》秩序と関連性があるかのような錯覚が生じるが、その解釈は正しくなく、両者に互換性はまったくない。その証拠に、秀吉の時代に至っても、イエズス会は中華皇帝を「中国の国王（レイ）」と表記しており、「皇帝（エンペラドール）」を使用している事例は、管見の限り確認できていない。筆者が確認したのは、日本関係のイエズス会書翰《しょかん》に見られる中国関連情報に限っているため見落としはあろうが、それよりも「中国の国王」という表記が目立つ点に注目したい。

日本の王権のかたち

重層的王権構造

大名領国の「国王」と評価された大名達と、その大名達を束ねる天皇・足利将軍という支配構造は、連合国家に似たものといえる。もちろん、上位に位置する天皇と足利将軍は、実力で日本を支配しているわけではなかったので、正確には連合国家とはいえないかもしれない。イエズス会が描いた日本の国家観というのは、権力と権威が一体化していない戦国期の日本を、実質的な権力と形式的な権威の両側面から日本の権力者を捉えたものであったからである。したがって、「皇帝」が用いられているからといって、当時の日本を帝国と位置づけたり、天皇と将軍を帝権として論じたりする必要はない。とはいえ、大名領国の独立性にイエズス会が注目している点や、「国王」と称された大名が天皇や将軍に敬意を払っている事実は無視できない。そのため、当時の日本を連合国家に近い国家と表現した方が良いことは、前章までで述べてきた通りである。これを王権論の観点から捉えるならば、イエズス会の認識する日本の王権の特徴を次のようにあげることができよう。一点目は、大名領国を支配する大名王権と、その王権を統括する天皇と将軍もしくは統一権力による日本王権という重層的な王権構造であったことである。二点目は、日本王権は二人の王からなり、天皇と武家の権力者の双方が王権と認められることである。

一点目の重層的王権構造という考え方は、単なる枠組みの設定にとどまり、イエズス会の国家観との差別化を図れないと感じるかもしれない。しかし、戦国大名が名誉のみの天皇や足利将軍を敬っていたとイエズス会が理解したのであれば、単に枠組みだけで解決できるはずがない。そこには、天皇・将軍と大名との人的結びつきや精神的結びつきといった関係などを考察していく必要がある。権力者の内面を描き出す王権論は、その点において有効な議論であるといえるだろう。もちろん、イエズス会史料だけではなく、国内の邦文史料を含めたさまざまな史料を用いて議論していくべきであることは言うまでもない。

次に、日本国王として天皇と将軍の二人をあげている点について考えたい。イエズス会が日本国王に注目した時期は、次の三つの時期があげられる。第一の時期は、ニコラオ・ランチロットの日本報告から得た、天皇と将軍を日本国王とする時期である。第二の時期は、ガスパル・ヴィレラによって畿内布教を開始する時期である。当初は天台座主《てんだいざす》にも注目しているが、その後は天皇と将軍を日本国王と認識している。第三の時期は、秀吉による全国統一後である。この時期も秀吉を「国王」と評価するだけでなく、天皇を「本来の国王」として注目している。このように、日本国王は二人という認識がイエズス会にあった。この点について、もう少し詳しく見ていきたい。

二人の国王、二人の皇帝

イエズス会は「日本国王」を天皇と将軍の二人とし、「皇帝」も同じく二人に対して用いられている。このことは日本の権力構造を考えるうえで興味深い点を示しているが、これによく似た事例として、日本布教が始まる半世紀ほど前のスペインがあげられる。スペインの場合、アラゴン王のフェルナンドとカスティーリャ女王のイサベルに対して、それぞれ「国王」と「女王」が用いられている。一四六九年に結婚した二人は、一四九二年にイベリア半島南部のグラナダを攻略し、一四九六年にはローマ教皇アレクサンデル六世からカトリック両王の称号が授けられた。フェルナンドとイサベルの二人は、カトリック両王として複数形で「国王」の表記がされている。その後、一五一二年にナバラ王国を併合した両王は、ポルトガル以外のイベリア半島を共同統治することになった。

しかし、日本の場合、天皇と将軍はともに「日本国王」と表記されてはいたが、先ほどのスペインの事例とはあきらかに異なる。天皇と将軍はスペインのように共同統治はしておらず、イエズス会もそのような認識はもっていなかった。彼らの間では、天皇と将軍には差があり、将軍は天皇から全権を委ねられた「国王」との認識であった。そのため、天皇と将軍をあわせて複数形で「国王」を記すことはなく、それぞれ単数形で表記されている。

注目したいのは、豊臣秀吉が全国統一を果たした後の権力者観である。イエズス会は、秀吉を全国の権力者として名実ともに「日本国王」と認めた。この時こそ、イエズス会が「日本国王」を秀吉一人と判断できるタイミングだった。しかし、彼らは引き続き天皇を「日本国王」として書き記し、天皇を無視することはなかった。権力者による全国統一後も、「日本国王」は二人いるとの認識をイエズス会はもち続けたのである。

天皇と将軍の二人を日本の権力者とする外国人の認識は、荒野泰典氏の研究成果によると、江戸時代を通じて変化が認められないことがわかる（「二人の皇帝」田中健夫編『前近代の日本と東アジア』吉川弘文館、一九九五年）。荒野氏は、ペリーの『日本遠征記』をあげ、日本には同時に二人の「皇帝」がいるという奇異な特質があり、一人は世俗的な「皇帝」で、もう一人は宗教的な「皇帝」であると記載された箇所に注目している。それをイエズス会からオランダ人、イギリス人までの天皇・将軍観から読み解き、江戸時代を通じて世俗的、宗教的と区別しながらも、両者をともに日本の権力者と理解していた点を指摘している。荒野氏の主張はこの点にとどまるものではないが、本書では江戸時代を通じて天皇と将軍が日本の「皇帝」と位置づけられていたことに注目したい。

このように考えると、豊臣政権や徳川政権が成立してもなお、外国人は武家の権力者だけではなく、天皇を日本の「国王」あるいは「皇帝」と捉えており、強力な統一権力者が誕生しても天皇や朝廷が淘汰《とうた》されるという選択肢はなかった。すなわち、武家と公家が相容れることなく、対立を前提とするような議論は成り立たないのである。統一権力者と天皇、武家と公家の併存は、イエズス会の権力者観から考えれば、むしろ自然なことであった。

天下の君主は日本王権たりうるか

では、イエズス会は信長・秀吉・家康をどのような王権として認識したのであろうか。織豊期王権論や徳川王権論の研究成果によれば、統一権力を一つの王権として捉えている。イエズス会史料の「国王（レイ）」から捉えた場合でも、天皇とともに秀吉と家康に対して「国王」が用いられているので、両者を日本王権と捉えていたと解釈できる。しかし、信長を「日本国王」とした事例はない。

織田信長がイエズス会書翰に登場する頃、信長は「尾張《おわり》の国王」と記され、ほかの戦国大名と同様に領国の「国王」であり大名王権であった。信長が領地を拡大していっても、この認識は変わらないままだった。本能寺の変が起きる直前頃になると、イエズス会は「天下の君主」という言葉を信長に用いるようになり、信長は「日本全国の絶対君主」も目前であると、イエズス会に考えられた。しかし、本能寺の変が起こったため、全国統一は果たせず、「日本国王」と記されることはなかった。信長の到達点は「天下の君主」であった。これに対して、羽柴秀吉は明智光秀を破って信長の敵討ちを果たし、次いで信長の後継者や重臣達を倒し、従えていった。秀吉は、信長と同様に「天下の君主」と表記され、全国統一を果たすと、「日本全国の君主」とも「日本全国の国王」とも記された。秀吉は、事実上の「日本国王」と評され、日本王権に位置づけられた。

信長と秀吉の違いは全国を統一した権力者か否かである。イエズス会は全国統一を果したがゆえに、秀吉を「日本国王」と表記した。重要なのは、日本王権と呼びうるには、日本全国の平定および「日本国王」との表記が必要であったか否かであろう。必要ならば、当然全国統一を果たした秀吉と、果たしていない信長の差は大きい。しかし、イエズス会の権力者観や国家観から見ると、前章で述べたように必ずしも全国統一が日本を治める権力者として必要不可欠な条件ではなかった。有力な大名王権という枠をなかなか超えなかった信長であったが、本能寺の変が起きる直前頃、イエズス会は「天下」という枠組みで信長を「天下の君主」と捉えた。彼らは「天下」を「君主国（モナルキーア）」と解釈し、日本の君主が支配する体制、すなわち中央政権を信長が確立し、その権力を掌握したものと理解した。イエズス会の「天下」に対する理解から考えて、「天下の君主」は天下人と解してよいと筆者は考えている。すなわち、信長はイエズス会に天下人と認識されたのである。

しかも、秀吉が全国統一を果たしても「天下」という文言はなくなるどころか、イエズス会はますます多用し、家康の治世になっても彼を「天下の君主」と評価した。信長・秀吉・家康の三者が、ともに「天下の君主」と位置づけられたことを考えると、「日本国王」と表記されなかったからといって、信長だけを日本王権から外す積極的な理由が見当たらない。そして、「天下の君主」、すなわち天下人が信長・秀吉・家康という個人に向けられていることから、彼らによる権力を政権で捉えるより、個人の内面を描き出す王権として捉えるほうがより生産性があると考える。以上の点から、「天下の君主」すなわち天下人による王権は、信長・秀吉・家康時代の特徴的な日本王権であったと評価したい。

天皇の権威

日本布教を始める前、イエズス会は「日本国王」は天皇と将軍の二人であると知り、とりわけ天皇に重きを置いていた。しかし、ザビエルが実際に入京すると、天皇と将軍には日本全国を治めうる権力がないことを見て取り、二人に注目しなくなった。その後は、天皇に関する記事を載せたとしても、「都の国王」という都地方限定の「国王」との評価にとどまっていた。ガスパル・ヴィレラによって畿内布教が開始されると、天皇に再び目が向けられるようになるが、依然として権力を有さない名誉のみの権力者との評価であった。

天皇の評価に変化が認められるようになるのは、羽柴秀吉が全国統一を果たす頃である。秀吉という、実力で日本全国を治めうる権力者が誕生してもなお、イエズス会は「日本国王」を秀吉ただ一人と判断することはなかった。この段階に至っても天皇を「日本国王」と表記するばかりか、天皇こそが「本来の国王」であると繰り返し説明したのである。

もちろん、イエズス会は日本布教を始める以前から天皇の情報を得ている。そこでは天皇をローマ教皇と例えており、また心身を清めるなどの潔斎《けっさい》に関する記事が見られる（一五四八年夏、ゴア発、ニコラオ・ランチロットの日本報告、『書翰』六号）。

ほかにも、ザビエルが日本布教をしていた時に、次のようなことを耳にしている。天皇が足を洗う時に使った盥《たらい》が神聖であるからといって、ある日本人がそれを恭《うやうや》しく扱って頭にかぶる行為をし、ザビエルもかぶりたいかと尋ねたという。また、天皇は決して足を地面につけることはなく、もし足を地面につけたならば神聖さが失われ、その位が剥奪されるとある。さらに、日本には数多《あまた》の偶像があり、それらは天皇を警固するため内裏を見張るという。いずれも、一五五四年付、ゴア発、ポルトガルのイエズス会員宛ペドロ・デ・アルカソヴァ書翰（『書翰』八三号）に記載されているものである。これは畿内布教が展開された後の一五六五年二月二十日付、都発、中国とインドのイエズス会員宛ルイス・フロイス書翰にも同様のことが書かれており、偶像の警固や足を地面につけないなどの記述が見られる。

このように、天皇を異教徒の象徴として捉え、彼の周囲には異様な呪術的な風習があることを伝えている。このような偶像崇拝の象徴として、あるいは呪術的風習や神秘的行為による権威を有するがゆえに、天皇が日本人から敬われているとイエズス会は考えたのである。これらは、キリスト教宣教師という宗教者ならではの視点から、天皇の権威の源泉を探ろうとしたもので、相容れない偶像崇拝や異教徒の象徴として天皇を捉えたものであった。

しかし、秀吉が全国統一を果たす頃になると、天皇の権威を先ほどの宗教的な側面ばかりでなく、世俗的な側面からも天皇の権威の根拠を求めていった。これが官位叙任であった。秀吉は全国を統一するにあたって、天皇を排してみずから日本唯一の国王になるのではなく、天皇から関白の叙任を得た。このことにイエズス会は注目し、天皇が秀吉に関白という最高の権威と栄誉を与えたこと、この関白は信長が望んでも得られないほどの称号

(官職)であったことを書き認めている(一五八五年十一月十三日、長崎発、イエズス会総長宛ルイス・フロイス書翰)。また、このフロイス書翰では、関白は名誉の点で天皇に次ぐ地位であったとも書かれており、関白となった秀吉より天皇の方が地位が上であるとの認識をもっている。

つまり、実質的な権力を有する武家の権力者が日本全国を統一しても、武家単独の「日本国王」が誕生するわけではないことを看取したのである。武家の権力者は天皇から何らかの官職を得ることを知り、それゆえ天皇は権力の有無に関係なく「日本国王」たる存在であると認識したのであろう。そのため、彼らは官位叙任について書翰でたびたび書き記し、天皇が「本来の国王」であると伝えたものと考えられる。

公武による王権の在り方

イエズス会の理解する「日本国王」は、天皇と足利将軍(のち天下人)の二人であることを述べてきた。来日した当初は戦乱の時代であり、いずれ権力を有した者によって全国統一が果たされ、一人の「日本国王」が日本を治めるものとイエズス会は考えていたのかもしれない。ところが、実際は実力を伴った秀吉が全国統一を果たしても、天皇は依然として健在であり、天下人たる秀吉によって淘汰されることはなかった。これは徳川家康の治世でも同様であった。天皇は「日本国王」としても日本王権としても、不可欠の存在であったことがわかる。そこで、天皇と天下人を「日本国王」とする日本王権が、どのような在りようであったのか考えてみたい。

似た事例として、先にも述べたスペイン王権の事例があげられるが、日本の場合は、アラゴン王のフェルナンドとカスティーリャ女王のイサベルによる、共同統治という支配体制ではなかった。天皇と天下人にそれぞれの支配領域があったわけではなく、共同統治という考え方もなかった。また、カトリック両王のような称号もなければ、イエズス会によって複数形で「国王」の表記がされてもいなかった。天皇と天下人の二人は、それぞれ「日本国王」（ただし、信長は「日本国王」とは表記されていない）と記されながらも両王と認識されていないことから、天皇と天下人は対等、同次元の権力であるとは読み取れない。

まず、日本布教以前のランチロットの日本報告では、天皇が「最高の国王」で足利将軍にその統治を委ねているとの書き方がされていることから、イエズス会は当初から天皇と将軍を別々の「国王」とは捉えていないことが読み取れる。畿内布教が始まると、将軍足《あし》利義輝《かがよしてる》と天皇の違いを示しつつも、両者ともに日本を治めうる実質的な権力を有さない存在として説明している。信長の時には、「尾張の国王」と記された信長が領地を拡大していき、信長は足利将軍に代わる武家の権力者として認識された。最終的には天下を治める「天下の君主」と評され、「日本の絶対君主」になるのも間近という評価に至った。一方、天皇の話題は少なかった時代である。信長の死後、秀吉が全国統一を果たし、「天下の君主」や「日本国王」と表現された。しかしながら、秀吉はただ一人の「国王」とは捉えられず、イエズス会は天皇の存在をあらためて注目し、「本来の国王」と位置づけ直した。

このように見ていくと、天皇と天下人（あるいは足利将軍）、ならびに公家と武家との関係は相容れないものではなく、両者の併存はごく自然なものであったと、イエズス会は理解したといえるだろう。そして、天下人による実力を伴った統一権力が誕生しているにもかかわらず、天皇を「本来の国王」とイエズス会が認識したことを考えれば、天皇や公家を欠いた武家単独による日本王権は成り立たない。したがって、武家と公家が結びついて一つの権力体、すなわち王権が構成されていると考えられる。天皇と将軍はそれぞれ「日本国王」としながらも、それぞれが日本王権であるわけではなく、両者が結びついて一つの日本王権が成り立っているといえよう。それは天下人による強大な武家の権力者が誕生しても変わらず、天皇が新たな権力によって淘汰される存在ではなかったことを示している。これが、秀吉によって全国統一が果たされた後のイエズス会の理解なのである。

以上のイエズス会が見た日本王権から考えてみると、武家が日本を治める中世と近世は、公武が合わさって王権が成り立っているといえる。その中で、天下人による信長・秀吉・家康の時代は、制度や政治組織が未成熟で、権力者の個性や人格が政策に反映されていることから、政権よりも王権として論じた方が、彼らの権力者としての内面が鮮明に描き出すことができると、筆者は考えている。その点においても、この時代の王権論を論じる意義は十分にあるといえるのではないだろうか。

では、公武による日本王権の形態が解消されるのは、いつ頃のことであろうか。検証をしていないので、断定的な発言は慎まなければならないが、見通しとしてあげるならば、王政復古《おうせいふっこ》の大号令《だいごうれい》によって権力と権威が天皇に集中する明治に入ってからのことではなかろうか。天皇でなければ「日本国王」が一本化することもなければ、日本王権が一つにまとまることもなかったと考えられる。その意味で、天皇を「本来の国王」と捉えたイエズス会の見解は、正鵠《せいこく》を得ているとはいえないだろうか。

イエズス会がみた中近世移行期の日本――エピローグ

中近世移行期の日本は連続して捉えられる

最後に、本書で主張した点について簡単にまとめていくことにしたい。フランシスコ・ザビエルが京都を訪れてから、日本の実質的な権力者は大名で、各領国において命令権と支配権を有するがゆえに「国王」と評価された。この理解は織豊《しょくほう》期から家康の治世に至っても変わることがなかった。大名領国をある程度独立した「国」と捉え、大名をその「国王」と評価し続けたことは、イエズス会が捉えた日本の国家観の特徴の一つである。

天皇と足利将軍は大名よりも上位の権力者であったことから、その違いを表すためにいくつかの表記がなされた。「内裏」や「公方《くぼう》」というように、日本語を用いた表記が多くなるが、一方で「国王」と評された大名との違いを示すために、「皇帝」や「統括者（頭《かしら》とも訳せる）」などと書かれることもしばしばであった。大名をある程度独立した「国王」と認めているがゆえに、天皇や足利将軍がその大名を束ねたことから「皇帝」と表記されたわけである。このようなイエズス会による捉え方は、国家の枠組みの点でいえば、連合国家に似た国家構造であると指摘した。この連合国家に似た国家形態が日本の在りようであったと、イエズス会は理解したのである。

しかも、この連合国家というイエズス会の捉え方は、戦国時代から織豊期、徳川家康の時代まで通じて基本的に変わることはなかった。ちょうどこの時期は、日本史研究では中近世移行期と呼ばれる時期に当てはまる。この移行期は、中世から近世に移り変わる過程で断絶があるか、それとも連続性が認められるかといった議論が活発になされてきた。この点について、イエズス会という外国人の目から見ると、戦国時代から江戸時代初期まで国家の枠組みに限っていえば変化が認められないため、連続性を指摘することができる。

天下人による統治

イエズス会が日本布教を始めた頃は、戦国時代末期のことで天皇にも足利将軍にも日本を治めうる実質的な権力が備わっておらず、名ばかりの権威によって戦国大名から敬われていた。実態としては、複数の戦国大名がそれぞれの大名領国を治める国家であった。

こうした戦国期日本の国家の在り方に終止符を打ったのが、信長であり、秀吉、家康であった。とくに、信長の時代はその移り変わりの経過が読み取れる。信長は、当初は「尾《お》張《わり》の国王」というように一戦国大名との評価であったが、晩年になると「天下の君主」と表記されるようになった。最後は本能寺の変によって「日本国王」に至ることはなかったが、それに近い存在であったとイエズス会に認識された。信長の到達点は「天下の君主」、すなわち天下人であった。

イエズス会の考える「天下」とは、日本全国ではなく「モナルキーア」すなわち「君主国」のことであった。したがって、「天下の君主」は日本全国の権力者ではなく、中央政権を掌握した権力者ということになる。全国統一を果たしていない信長は、「日本国王」には至っていないとはいえ、実力の伴った中央権力者であり、「天下の君主」として全国を支配しうる権力者であると、イエズス会は認識したのである。

本能寺の変後、羽柴秀吉が信長の後継者として「天下の君主」と表記されるようになり、全国統一を果たすと「日本国王」とも記されるようになった。しかし、その後も秀吉は「天下の君主」とも呼ばれ続け、それは徳川家康に対しても同様であった。このように考えると、「天下の君主」という表現は、足利将軍に代わる新たな中央権力者を指すものであったといえる。そして、全国統一が果たされた後にも、「天下の君主」という表記が使われ続けた点に注目すれば、「天下の君主」である天下人による統治は、信長から始まって秀吉・家康に引き継がれていったと、彼らは見ていたと考えられる。

以上の点から、信長・秀吉・家康の三者の時代は、全国統一を果たしたか否かで信長と秀吉を切り離すのではなく、「天下の君主」という中央権力者としての統治に注目し、信長と秀吉を連続して捉えたほうがよいというのが本書での主張である。

新たな時代の幕開け

戦国時代から徳川家康が治めた頃までの日本は、連合国家に似た国家形態であったとイエズス会は理解し、国家の枠組みにおいて大きな変化はなく、連続性が認められることを本書で指摘した。しかし、その一方で「国王」と評された大名を束ねる上位の権力者に、大きな変化が認められた。それまで、日本を統治する上位の権力者は、実力を伴わない足利将軍であったが、信長は領地を拡大していき、晩年「天下の君主」と呼ばれ、秀吉と家康も同じように「天下の君主」と呼ばれた。信長・秀吉・家康三者の天下人による支配は、連合国家に似た日本の国家の枠組み自体は変わらないものの、上部構造に変化をもたらした点で、新たな時代の幕開けを示していることが、イエズス会史料から読み取れる。

その一方で、秀吉が全国を統一しても天皇の存在が否定されないことにも、イエズス会は注目した。これまで、天皇を宗教的な権威として、あるいは偶像崇拝の象徴として、呪術的風習や神秘的行為によって権威を有する存在として捉えてきた。しかし、それだけではなく世俗面からも官位叙任といった点から天皇の権威を認め、天皇は「日本国王」として欠くことのできない存在であることを理解した。イエズス会は、来日以前から天皇と将軍の二人が「日本国王」であるとの情報を得ていたが、豊臣期において秀吉という強大な権力者が誕生しても、なお「日本国王」は天下人と天皇の二人からなるとあらためて実感したわけである。この点に注目すると、武家単独による支配をイエズス会が考えていたと捉えるのは難しく、公武の併存関係を読み取る方が正しいといえるだろう。

公武による王権

本書では主にイエズス会の権力者観、国家観という視点で述べてきたが、彼らが日本布教を始めた時期は、戦国期から徳川初期にあたり、なかでも信長と秀吉の治世は、彼らの個性が政策に色濃く反映された時代であった。そのため、この時代を権力者の内面的・人格的な側面から読み取るためにも、織田政権・豊臣政権という政権で捉えるよりも王権という視点から読み解くことで建設的な議論ができるのではないかと述べた。

この時代を王権で捉えた場合の論点として、天下人（「天下の君主」）による支配の在り方と、天下人と天皇との関係がどのような王権を形成していたのかという点があげられる。天下人による王権は、イエズス会は「天下の君主」による支配として、信長・秀吉・家康をあげている。彼らは「天下」と呼ばれる君主国を掌握し、全国を治めうる権力者となった。天下人を王権と捉えることについては、山本博文氏も徳川王権論で天下人を王権として位置づけている。イエズス会からの視点が的外れなものでないことがわかるであろう。ただし、山本氏は「天下」を委任されただけでは王権ではなく、何らかの官職を得る必要があるという。したがって、織田王権は存在しないとの見解を示している（「徳川王権の成立と東アジア世界」水林彪ほか編『王権のコスモロジー』弘文堂、一九九八年。『江戸時代の国家・法・社会』校倉書房、二〇〇四年）。筆者は、信長から「天下の君主」が使われたことから、信長を王権に組み入れるのがよいと考えている。本書では王権の枠組みを中心に検討したため、今後は権力者の内面について具体的な検討を行い、山本氏の指摘について考えていきたい。

また、秀吉は全国統一した時に天皇を排除しなかったことから、天皇は日本の権力者として欠くことのできない存在としてクローズアップされた。少なくとも公武対立という状況は、イエズス会史料から成立しないことはすでに述べてきた通りである。この時、天皇を「本来の国王」と捉え、天皇と武家の権力者はともに「日本国王」と表記されながらも、対等で同格の「国王」とは捉えられていなかった。また、天皇と天下人がそれぞれ領地を二分していて、それを共同統治しているという考え方も、イエズス会はもっていなかった。このようなことから、「日本国王」は二人としながらも、別々の「日本国王」とは捉えがたいことが読み取れる。日本王権としては両者を合わせた形で捉えていたとみるのが良いと考えている。筆者は堀新氏の主張する公武結合王権（『織豊期王権論』校倉書房、二〇一一年）に、近いイメージをもっている。今後、公武に関わる実例を分析することでいっそう明らかになるものと考えている。

他者からの視点

最後に、イエズス会という外国人の目から見た、日本の権力者像や国家像を研究する意義について述べたい。

過去の出来事を解明するのに、当事者の残した史料を扱って事実関係を明らかにし、実態を解明することが重要であることは言うまでもない。今日の日本史研究は、一次史料という質の高い史料に基づく実証的な研究成果をもとに、日本の歴史を明らかにしてきた。その一方で、ある出来事を第三者が見聞した記録を扱った時、その出来事が事実か否かのみに終始し、その人の誤解などは事実誤認として切り捨てられる傾向がしばしば見受けられる。しかし、第三者がその出来事に誤解が生じていたとしても、その時点でそのように捉え、認識したこと自体は紛れもない歴史的事実である。そのように理解し、認識した他者の考えを見過ごしてはならないというのが、筆者の考えであり、本書の出発点である。

本書で述べてきたことは、イエズス会の権力者観によるもので、たしかに日本事情を理解しない外国人の情報である。事実誤認も少なからずあるため、イエズス会史料は信用ならない史料として避けられる傾向にあった。しかし、戦国期末から徳川初期まで約一世紀にわたって日本に滞在し、権力者の移り変わりを目の当たりにした彼らの見解を無視することはできない。彼らが来日する前、海外で得た情報は伝え聞いたことをもとにした日本像であったが、日本国内から発したイエズス会書翰《しょかん》などは、彼らの実体験に基づく日本国家観・権力者観である。これは、当時の日本の実態を外国人が捉えた国家観として傾聴に値するのではないだろうか。本書で明らかにした彼らの国家観や権力者観を事実か否かで評価するのではなく、事実誤認があるならば、なぜ彼らはこのように捉え、理解したのかに注目すべきであろう。これを追究することで本書が発展的に継承されるものと考えている。

現在、プロローグでも述べたように、二一世紀を生きる私達はインターネットの普及によって、スマートフォンやタブレットを使って、より世界の人達との結びつき〈接触〉が身近になった。異なる文化で育った者同士が知り合うなかで、お互いが他者をどう理解するかの重要性が、ますます高まっているといえる。他者を理解するなかで相手の文化や習慣などが理解できずに誤解が生じ、トラブルが生じることもあるだろう。しかし、間違っている、異なっているといって切り捨てるのではなく、なぜ誤解が生じたのかを考え、より他者を知ろうとする姿勢が大事になっていくのではないだろうか。

あとがき

本書は歴史学に携わる方や歴史に関心の高い方に向けて書いたが、これまであまり歴史に興味をもたなかった高校生や大学生、大人の方々にも手に取っていただきたいと思っている。中学や高校時代の歴史というと、聞こえてくるのは、歴史の勉強は覚えることが多くて、苦痛以外の何ものでもなかったという話ばかりである。実際、定期試験などでは暗記がものをいう問題が少なからず出題され、歴史は暗記ではないと言い切れないのも事実ではある。しかし、純粋に歴史に興味をもっている生徒や学生はいるし、年を重ねるにつれて歴史が面白くなってきたとよく耳にする。とくに、学生時代を過ぎてから歴史に興味をもち始めるのは、きっと暗記という呪縛から解き放たれるからなのかもしれない。本書が歴史の面白さに気づくきっかけになってくれればうれしい限りである。

こういう私も、暗記することに楽しかった記憶はないが、歴史自体は幼い頃から興味があった。とくに戦国時代に関心があり、織田信長に惹かれた。ごく一般的な歴史好きの少年の一人であった。大学に進んでから、気持ちに変化が出てきた点といえば、ありふれた信長像とは違った信長を知りたいという点であった。信長といえば、あまりに冷酷な人物として描かれることが多いが、別の信長像もあるのではないかと、いくつかの史料を読みあさった。そこで出会ったのが、ルイス・フロイスの『日本史』である。そこには、家臣などには見せない信長の生き生きとした表情が描かれていた。外国人だからこそ、日本人なら気がつかない事柄をたくさん書き留めていた。

それから大学院に進んで私が始めたのは、苦手な語学の勉強である。今さら語学の勉強とも思ったが、それよりもフロイスをはじめとする宣教師が書いた書翰や『日本史』などを原文で読みたかった。研究仲間がくずし字を解読しながら史料を読み進めているかたわらで、自分は横書きの「くずし字」を悪戦苦闘しながら読むという（活字の史料や訳文史料におおいに助けられたが……）研究生活であった。

それだけでは満足することのできない私は、信長のことが書かれているフロイス書翰を見に行くために、ポルトガルのリスボンを訪れた。知人の助けを得て、リスボン国立図書館に行き、イエズス会の書翰集を読んでいくと、たしかにそこに書かれていた。目的のフロイス書翰から、はっきりと「Nobunanga」、すなわち「ノブナンガ（信長）」の文字が目に飛び込んできたのである。この書翰は写本ではあるが、四〇〇年以上も前に宣教師のフロイスが日本で布教して書翰を書き、それがポルトガルのリスボンに届いたものである。それから四〇〇年以上の歳月が経って、自分が異国ポルトガルの地でそれを目にしている。この時の感動を今でも忘れることができない。歴史を楽しむことの醍醐味の一つは、こういうところにあるのだと私は思っている。ぜひ、生徒や学生たちには学問を学ぶ楽しさを知ってほしい。

出会いはそればかりではない。私は歴史を学びながら、多くの人たちに出会い、支えられてきた。向こう見ずなところのある私を、その都度助けてくれる人がいた。だからこそ、ゼミから研究をスタートさせた私が、違う時代を学ぶ人たちと知り合い、ついで学外へと足を運び、さらには外国人の研究者にも出会うことができた。そのさまざまな場面で励まされ、ここまで少しずつだが研究を続けることができたと思う。

そのなかで、卒業論文からお世話になった紙屋敦之先生の話をせずにはおけない。卒業論文を提出する頃、歴史の研究をしたいが、大学院に進んで研究の道に進むか迷っていた。その時、私の背中を押してくれたのが紙屋先生であった。研究面ではつねにきびしい先生ではあったが、それ以外では面倒見のいい先生であった。それによくあまえて、いろいろと相談したものである。その恩返しが研究成果を出すことだと思っていた。今回、私の研究を見出し、本書の刊行を依頼してくださった吉川弘文館には感謝する次第である。悔やまれるのは、恩師紙屋先生が昨年亡くなられ、本書をお見せすることができなかったことである。長年お世話になった先生に、本書を読んで叱咤していただきたかったが、それができず残念でならない。これからも少しずつ恩返しをすべく、研究を続けていきたい。

最後に、本書を書き終えた時は、ちょうど新型コロナウイルスが日本でも感染拡大している頃であった。多くの方が不安を抱え過ごしていた。本書が刊行される頃には、感染が収まり、平穏な日常に戻っていることをお祈り申し上げます。

二〇二〇年六月

松本和也

主要参考文献

＊比較的手にしやすい一般向けの文献をあげた。

浅見雅一『概説キリシタン史』慶應義塾大学出版会、二〇一六年
天野忠幸『三好長慶―諸人之を仰ぐこと北斗泰山―』ミネルヴァ書房、二〇一四年
天野忠幸『三好一族と織田信長―「天下」をめぐる覇権戦争―』戎光祥出版、二〇一六年
網野善彦・上野千鶴子・宮田登『日本王権論』春秋社、一九八八年
池上裕子『織田信長』吉川弘文館、二〇一二年
川崎桃太『フロイスの見た戦国日本』中央公論新社、二〇〇三年
川崎桃太『続・フロイスの見た戦国日本』中央公論新社、二〇一二年
神田千里『織田信長』筑摩書房、二〇一四年
岸野　久『ザビエルの同伴者アンジロー―戦国時代の国際人―』吉川弘文館、二〇〇一年
五野井隆史『日本キリスト教史』吉川弘文館、一九九〇年
五野井隆史監修『キリシタン大名―布教・政策・信仰の実相―』宮帯出版社、二〇一七年
五野井隆史『ルイス・フロイス』吉川弘文館、二〇二〇年
髙木　洋『宣教師が見た信長の戦国―フロイスの二通の手紙を読む―』風媒社、二〇一一年
高橋裕史『イエズス会の世界戦略』講談社、二〇〇六年

谷口克広『戦争の日本史13　信長の天下布武への道』吉川弘文館、二〇〇六年
フィリップ・レクリヴァン著、鈴木宣明監修『イエズス会―世界宣教の旅―』創元社、一九九六年
藤井譲治『天皇の歴史05　天皇と天下人』講談社、二〇一一年
堀　新編『信長公記を読む』吉川弘文館、二〇〇九年
堀　新『日本中世の歴史7　天下統一から鎖国へ』吉川弘文館、二〇一〇年
村井早苗『天皇とキリシタン禁制―「キリシタンの世紀」における権力闘争の構図―』雄山閣出版、二〇〇〇年
山田康弘『戦国時代の足利将軍』吉川弘文館、二〇一一年
山本博文『江戸時代の国家・法・社会』校倉書房、二〇〇四年
ルシオ・デ・ソウザ、岡美穂子『大航海時代の日本人奴隷―アジア・新大陸・ヨーロッパ―』中央公論新社、二〇一七年
渡邊大門編『信長研究の最前線2―まだまだ未解明な「革新者」の実像―』洋泉社、二〇一七年

フロイス『日本史』の訳書における留意点

ルイス・フロイスの『日本史』は、松田毅一・川崎桃太両氏によって翻訳がなされ、現在以下の三種類の訳本がある。①ハードカバー版（中央公論社、一九七七～八〇年）、②普及版（ソフトカバー版）（中央公論社、一九八一～八二年）、③中公文庫（中央公論新社、二〇〇〇年）。同翻訳書が戦国・織豊期研究に与えた影響はきわめて大きい。残念な点は、同書が編年体となっている原文の章立てを遵守せ

ず、地域別にまとめられたため、研究者にとっては使いづらいものとなったことである。この点について、松田氏は翻訳書の訳者序文において、訳者の体調から完訳できない可能性を考えて、本来の構成で訳出することを断念し、まず「豊臣秀吉篇」から始めて、次いで地域別に訳出するという次善策をとった経緯を説明している。実際は、松田氏・川崎氏の尽力により完成に至っており、私達は大いなる恩恵を受けている。惜しまれるのは、③の中公文庫の刊行の際に本来の順序に戻されなかったことに加えて、①②のハードカバー版および普及版との配列とも異なった点である。いずれ本来の順序に戻されることを期待したい。それまでは同書には原典での章も併記し、確認しやすいように配慮がされているので、私達は引用する際、本来の章を確認する作業を怠るべきではない。以下に、原典とハードカバー版、中公文庫の三種類の対照を載せる。参照していただければ幸いである。

フロイス『日本史』原典・訳文集対照表

日本総論第1章〜第37章　現存せず

原典		ハード版	文庫
一五四九年	第1部1章	6第1章	6第1章
	第1部2章	6第2章	6第2章
一五五〇年	第1部3章	6第3章	6第3章
	第1部4章	3第1章	1第1章
一五五一年	第1部5章	6第4章	6第4章
	第1部6章	6第5章	6第5章

原典		ハード版	文庫
一五五一年	第1部7章	6第6章	6第6章
一五五二年	第1部8章	6第7章	6第7章
	第1部9章	6第8章	6第8章
一五五三年	第1部10章	6第9章	6第9章
一五五四年	第1部11章	6第10章	6第10章

原典		ハード版	文庫
一五五四年	第1部12章	6第11章	6第11章
	第1部13章	3第2章	1第2章
一五五五年	第1部14章	6第12章	6第12章
	第1部15章	6第13章	6第13章
一五五六年	第1部16章	6第14章	6第14章
一五五七年	第1部17章	6第15章	6第15章
一五五八年	第1部18章	6第16章	6第16章
	第1部19章	6第17章	6第17章
一五五九年	第1部20章	6第18章	6第18章
	第1部21章	6第19章	6第19章
	第1部22章	3第3章	1第3章
	第1部23章	3第4章	1第4章
一五六〇年	第1部24章	3第5章	1第5章
	第1部25章	3第6章	1第6章
	第1部26章	3第7章	1第7章
	第1部27章	3第8章	1第8章
	第1部28章	6第20章	6第20章
一五六一年	第1部29章	3第9章	1第9章
	第1部30章	6第21章	6第21章
一五六二年	第1部31章	6第22章	6第22章
一五六二年	第1部32章	6第23章	6第23章
	第1部33章	6第24章	6第24章
	第1部34章	3第10章	1第10章
	第1部35章	3第11章	1第11章
	第1部36章	3第12章	1第12章
一五六三年	第1部37章	3第13章	1第13章
	第1部38章	3第14章	1第14章
	第1部39章	3第15章	1第15章
	第1部40章	6第25章	6第25章
	第1部41章	6第26章	6第26章
	第1部42章	9第1章	9第1章
	第1部43章	9第2章	9第2章
	第1部44章	9第3章	9第3章
	第1部45章	9第4章	9第4章
	第1部46章	9第5章	9第5章
	第1部47章	7第27章	7第27章
	第1部48章	9第6章	9第6章
	第1部49章	9第7章	9第7章
	第1部50章	9第8章	9第8章
一五六四年	第1部51章	9第9章	9第9章
	第1部52章	9第10章	9第10章
	第1部53章	7第28章	7第28章

一五六四年	第1部54章	3第16章	1第16章
	第1部55章	7第29章	7第29章
一五六五年	第1部56章	3第17章	1第17章
	第1部57章	3第18章	1第18章
	第1部58章	3第19章	1第19章
	第1部59章	3第20章	1第20章
	第1部60章	3第21章	1第21章
	第1部61章	3第22章	1第22章
	第1部62章	9第11章	9第11章
	第1部63章	9第12章	9第12章
	第1部64章	7第30章	7第30章
	第1部65章	3第23章	1第23章
	第1部66章	3第24章	1第24章
	第1部67章	4第25章	2第25章
一五六六年	第1部68章	9第13章	9第13章
	第1部69章	9第14章	9第14章
	第1部70章	9第15章	9第15章
	第1部71章	9第16章	9第16章
	第1部72章	9第17章	9第17章
	第1部73章	9第18章	9第18章
	第1部74章	4第26章	2第26章
	第1部75章	4第27章	2第27章
一五六七年	第1部76章	4第28章	2第28章
一五六八年	第1部77章	4第29章	2第29章
	第1部78章	4第30章	2第30章
	第1部79章	4第31章	2第31章
	第1部80章	9第19章	9第19章
一五六九年	第1部81章	9第20章	9第20章
	第1部82章	7第31章	7第31章
	第1部83章	4第32章	2第32章
	第1部84章	4第33章	2第33章
	第1部85章	4第34章	2第34章
	第1部86章	4第35章	2第35章
	第1部87章	4第36章	2第36章
	第1部88章	4第37章	2第37章
	第1部89章	4第38章	2第38章
	第1部90章	4第39章	2第39章
	第1部91章	4第40章	2第40章
一五七〇年	第1部92章	9第21章	9第21章
	第1部93章	7第32章	7第32章
一五七一年	第1部94章	4第41章	2第41章
	第1部95章	4第42章	2第42章
一五七二年	第1部96章	9第22章	9第22章
一五七三年	第1部97章	9第23章	9第23章

原典		ハード版	文庫
一五七三年	第1部98章	9 第24章	9 第24章
	第1部99章	9 第25章	9 第25章
	第1部100章	9 第26章	9 第26章
	第1部101章	4 第43章	2 第43章
一五七四年	第1部102章	4 第44章	2 第44章
	第1部103章	4 第45章	2 第45章
	第1部104章	10 第27章	10 第27章
一五七五年	第1部105章	4 第46章	2 第46章
	第1部106章	7 第33章	7 第33章
	第1部107章	10 第28章	10 第28章
一五七六年	第1部108章	10 第29章	10 第29章
	第1部109章	10 第30章	10 第30章
	第1部110章	10 第31章	10 第31章
	第1部111章	10 第32章	10 第32章
一五七七年	第1部112章	10 第33章	10 第33章
	第1部113章	7 第34章	7 第34章
	第1部114章	7 第35章	7 第35章
一五七八年	第1部115章	10 第34章	10 第34章
	第1部116章	10 第35章	10 第35章
一五七八年	第2部1章	7 第36章	7 第36章
	第2部2章	7 第37章	7 第37章

原典		ハード版	文庫
一五七八年	第2部3章	7 第38章	7 第38章
	第2部4章	7 第39章	7 第39章
	第2部5章	7 第40章	7 第40章
	第2部6章	7 第41章	7 第41章
	第2部7章	7 第42章	7 第42章
	第2部8章	7 第43章	7 第43章
	第2部9章	7 第44章	7 第44章
	第2部10章	7 第45章	7 第45章
	第2部11章	10 第36章	10 第36章
	第2部12章	7 第46章	7 第46章
	第2部13章	7 第47章	7 第47章
一五七九年	第2部14章	7 第48章	7 第48章
	第2部15章	7 第49章	7 第49章
	第2部16章	7 第50章	7 第50章
	第2部17章	7 第51章	7 第51章
	第2部18章	10 第37章	10 第37章
一五八〇年	第2部19章	10 第38章	10 第38章
	第2部20章	10 第39章	10 第39章
	第2部21章	7 第52章	7 第52章
	第2部22章	7 第53章	7 第53章
	第2部23章	7 第54章	7 第54章
	第2部24章	10 第40章	10 第40章

一五八〇年	第2部25章	5第47章	3第47章
	第2部26章	5第48章	3第48章
	第2部27章	5第49章	3第49章
	第2部28章	5第50章	3第50章
	第2部29章	5第51章	3第51章
一五八一年	第2部30章	5第52章	3第52章
	第2部31章	5第53章	3第53章
	第2部32章	5第54章	3第54章
	第2部33章	10第41章	10第41章
	第2部34章	10第42章	10第42章
一五八二年	第2部35章	10第43章	10第43章
	第2部36章	10第44章	10第44章
	第2部37章	10第45章	10第45章
	第2部38章	8第55章	8第55章
	第2部39章	10第46章	10第46章
	第2部40章	5第55章	3第55章
	第2部41章	5第56章	3第56章
	第2部42章	5第57章	3第57章
	第2部43章	5第58章	3第58章
一五八三年	第2部44章	10第47章	10第47章
	第2部45章	10第48章	10第48章
	第2部46章	8第56章	8第56章
	第2部47章	1第1章	4第1章

一五八四年	第2部48章	10第49章	10第49章
	第2部49章	10第50章	10第50章
	第2部50章	10第51章	10第51章
	第2部51章	10第52章	10第52章
	第2部52章	10第53章	10第53章
	第2部53章	10第54章	10第54章
	第2部54章	10第55章	10第55章
	第2部55章	8第57章	8第57章
	第2部56章	8第58章	8第58章
	第2部57章	1第2章	4第2章
	第2部58章	1第3章	4第3章
	第2部59章	10第56章	10第56章
一五八五年	第2部60章	11第57章	11第57章
	第2部61章	8第59章	8第59章
	第2部62章	8第60章	8第60章
	第2部63章	8第61章	8第61章
	第2部64章	8第62章	8第62章
	第2部65章	8第63章	8第63章
	第2部66章	1第4章	4第4章
	第2部67章	1第5章	4第5章
	第2部68章	1第6章	4第6章
	第2部69章	1第7章	4第7章
	第2部70章	5第59章	3第59章

原典（年）	原典	ハード版	文庫
一五八五年	第2部71章	8第64章	8第64章
	第2部72章	8第65章	8第65章
一五八六年	第2部73章	11第58章	11第58章
	第2部74章	1第8章	4第8章
	第2部75章	1第9章	4第9章
	第2部76章	1第10章	4第10章
	第2部77章	5第60章	3第60章
	第2部78章	11第59章	11第59章
	第2部79章	1第11章	4第11章
	第2部80章	8第66章	8第66章
	第2部81章	11第60章	11第60章
	第2部82章	11第61章	11第61章
	第2部83章	11第62章	11第62章
	第2部84章	8第67章	8第67章
	第2部85章	8第68章	8第68章
	第2部86章	8第69章	8第69章
一五八七年	第2部87章	8第70章	8第70章
	第2部88章	1第12章	4第12章
	第2部89章	8第71章	8第71章
	第2部90章	11第63章	11第63章
	第2部91章	11第64章	11第64章
	第2部92章	11第65章	11第65章

原典（年）	原典	ハード版	文庫
一五八七年	第2部93章	1第13章	4第13章
	第2部94章	1第14章	4第14章
	第2部95章	8第72章	8第72章
	第2部96章	1第15章	4第15章
	第2部97章	1第16章	4第16章
	第2部98章	1第17章	4第17章
	第2部99章	1第18章	4第18章
	第2部100章	5第61章	3第61章
	第2部101章	11第66章	11第66章
	第2部102章	8第73章	8第73章
	第2部103章	1第19章	4第19章
	第2部104章	11第67章	11第67章
	第2部105章	11第68章	11第68章
	第2部106章	5第62章	3第62章
	第2部107章	11第69章	11第69章
一五八八年	第2部108章	11第70章	11第70章
	第2部109章	11第71章	11第71章
	第2部110章	2第20章	5第20章
	第2部111章	5第63章	3第63章
	第2部112章	8第74章	8第74章
	第2部113章	11第72章	11第72章
	第2部114章	11第73章	11第73章

一五八八年	第2部115章	11第74章	11第74章
	第2部116章	2第21章	5第21章
	第2部117章	11第75章	11第75章
	第2部118章	11第76章	11第76章
	第2部119章	11第77章	11第77章
	第2部120章	5第64章	3第64章
	第2部121章	8第75章	8第75章
一五八九年	第2部122章	8第76章	8第76章
	第2部123章	11第78章	11第78章
	第2部124章	11第79章	11第79章
	第2部125章	11第80章	11第80章
	第2部126章	11第81章	11第81章
	第2部127章	11第82章	11第82章
	第2部128章	11第83章	11第83章
	第2部129章	11第84章	11第84章
	第2部130章	11第85章	11第85章
	第2部131章	8第77章	8第77章
	第2部132章	8第78章	8第78章
一五九〇年	第3部1章	11第86章	11第86章
	第3部2章	11第87章	11第87章
	第3部3章	11第88章	11第88章
	第3部4章	11第89章	11第89章
	第3部5章	12第90章	12第90章

一五九〇年	第3部6章	12第91章	12第91章
	第3部7章	12第92章	12第92章
	第3部8章	8第79章	8第79章
	第3部9章	5第65章	3第65章
	第3部10章	2第22章	5第22章
一五九一年 九二年	第3部11章	12第93章	12第93章
	第3部12章	2第23章	5第23章
	第3部13章	2第24章	5第24章
	第3部14章	2第25章	5第25章
	第3部15章	2第26章	5第26章
	第3部16章	2第27章	5第27章
	第3部17章	2第28章	5第28章
	第3部18章	5第66章	3第66章
	第3部19章	12第94章	12第94章
	第3部20章	12第95章	12第95章
	第3部21章	12第96章	12第96章
	第3部22章	12第97章	12第97章
	第3部23章	12第98章	12第98章
	第3部24章	12第99章	12第99章
	第3部25章	2第29章	5第29章
	第3部26章	2第30章	5第30章
	第3部27章	2第31章	5第31章
	第3部28章	12第100章	12第100章

原典（年）	原典	ハード版	文庫
一五九一年 九二年	第3部29章	12第101章	12第101章
	第3部30章	5第67章	3第67章
	第3部31章	2第32章	5第32章
	第3部32章	12第102章	12第102章
	第3部33章	12第103章	12第103章
一五九三年	第3部34章	12第104章	12第104章
	第3部35章	12第105章	12第105章
	第3部36章	12第106章	12第106章
	第3部37章	12第107章	12第107章
	第3部38章	12第108章	12第108章
	第3部39章	8第80章	8第80章
	第3部40章	5第68章	3第68章
	第3部41章	5第69章	3第69章
	第3部42章	12第109章	12第109章
	第3部43章	12第110章	12第110章
一五九二年 九三年	第3部44章	2第33章	5第33章
	第3部45章	2第34章	5第34章
	第3部46章	2第35章	5第35章
	第3部47章	2第36章	5第36章
	第3部48章	2第37章	5第37章
	第3部49章	2第38章	5第38章
	第3部50章	2第39章	5第39章
一五九二年 九三年	第3部51章	2第40章	5第40章
	第3部52章	2第41章	5第41章
	第3部53章	2第42章	5第42章
	第3部54章	2第43章	5第43章
	第3部55章	2第44章	5第44章
	第3部56章	2第45章	5第45章

著者紹介

一九七二年、埼玉県に生まれる
早稲田大学第一文学部史学日本史学専修卒業
早稲田大学大学院教育学研究科博士後期課程修了、博士（学術）
現在、早稲田実業学校教諭

〔主要論文〕
「宣教師からみた信長・秀吉」（堀新編『信長公記を読む』吉川弘文館、二〇〇九年）
「信長とイエズス会の本当の関係とは」（渡邊大門編『信長研究の最前線2―まだまだ未解明な「革新者」の実像―』洋泉社、二〇一七年）

歴史文化ライブラリー
508

イエズス会がみた「日本国王」
天皇・将軍・信長・秀吉

二〇二〇年（令和二）十月一日　第一刷発行

著　者　松《まつ》本《もと》和《かず》也《や》
発行者　吉川道郎
発行所　株式会社 吉川弘文館
東京都文京区本郷七丁目二番八号
郵便番号一一三―〇〇三三
電話〇三―三八一三―九一五一〈代表〉
振替口座〇〇一〇〇―五―二四四
http://www.yoshikawa-k.co.jp/
印刷＝株式会社 平文社
製本＝ナショナル製本協同組合
装幀＝清水良洋・宮崎萌美

ISBN978-4-642-05908-4

歴史文化ライブラリー

1996. 10

刊行のことば

現今の日本および国際社会は、さまざまな面で大変動の時代を迎えておりますが、近づきつつある二十一世紀は人類史の到達点として、物質的な繁栄のみならず文化や自然・社会環境を謳歌できる平和な社会でなければなりません。しかしながら高度成長・技術革新にともなう急激な変貌は「自己本位な刹那主義」の風潮を生みだし、先人が築いてきた歴史や文化に学ぶ余裕もなく、いまだ明るい人類の将来が展望できていないようにも見えます。このような状況を踏まえ、よりよい二十一世紀社会を築くために、人類誕生から現在に至る「人類の遺産・教訓」としてのあらゆる分野の歴史と文化を「歴史文化ライブラリー」として刊行することといたしました。

小社は、安政四年（一八五七）の創業以来、一貫して歴史学を中心とした専門出版社として書籍を刊行しつづけてまいりました。その経験を生かし、学問成果にもとづいた本叢書を刊行し社会的要請に応えて行きたいと考えております。

現代は、マスメディアが発達した高度情報化社会といわれますが、私どもはあくまでも活字を主体とした出版こそ、ものの本質を考える基礎と信じ、本叢書をとおして社会に訴えてまいりたいと思います。これから生まれでる一冊一冊が、それぞれの読者を知的冒険の旅へと誘い、希望に満ちた人類の未来を構築する糧となれば幸いです。

吉川弘文館

歴史文化ライブラリー

中世史

列島を翔ける平安武士 九州・京都・東国——野口 実
源氏と坂東武士——野口 実
敗者たちの中世争乱 年号から読み解く——関 幸彦
平氏が語る源平争乱——永井 晋
熊谷直実 中世武士の生き方——高橋 修
中世武士 畠山重忠 秩父平氏の嫡流——清水 亮
頼朝と街道 鎌倉政権の東国支配——木村茂光
大道 鎌倉時代の幹線道路——岡 陽一郎
鎌倉源氏三代記 一門・重臣と源家将軍——永井 晋
鎌倉北条氏の興亡——奥富敬之
三浦一族の中世——高橋秀樹
弓矢と刀剣 中世合戦の実像——近藤好和
その後の東国武士団 源平合戦以後——関 幸彦
荒ぶるスサノヲ、七変化〈中世神話〉の世界——斎藤英喜
曽我物語の史実と虚構——坂井孝一
鎌倉浄土教の先駆者 法然——中井真孝
親 鸞——平松令三
親鸞と歎異抄——今井雅晴
畜生・餓鬼・地獄の中世仏教史 因果応報と悪道——生駒哲郎
神や仏に出会う時 中世びとの信仰と絆——大喜直彦
神仏と中世人 宗教をめぐるホンネとタテマエ——衣川 仁
神風の武士像 蒙古合戦の真実——関 幸彦
鎌倉幕府の滅亡——細川重男
足利尊氏と直義 京の夢、鎌倉の夢——峰岸純夫
高 師直 室町新秩序の創造者——亀田俊和
新田一族の中世 「武家の棟梁」への道——田中大喜
皇位継承の中世史 血統をめぐる政治と内乱——佐伯智広
地獄を二度も見た天皇 光厳院——飯倉晴武
東国の南北朝動乱 北畠親房と国人——伊藤喜良
南朝の真実 忠臣という幻想——亀田俊和
中世の巨大地震——矢田俊文
大飢饉、室町社会を襲う！——清水克行
贈答と宴会の中世——盛本昌広
中世の富と権力 寄進する人びと——湯浅治久
出雲の中世 地域と国家のはざま——佐伯徳哉
中世武士の城——齋藤慎一
戦国の城の一生 つくる・壊す・蘇る——竹井英文

歴史文化ライブラリー

近世史

歴史文化ライブラリー

- 犬と鷹の江戸時代 〈犬公方〉綱吉と〈鷹将軍〉吉宗——根崎光男
- 紀州藩主 徳川吉宗 明君伝説・宝永地震・隠密御用——藤本清二郎
- 近世の巨大地震——矢田俊文
- 江戸時代の孝行者 「孝義録」の世界——菅野則子
- 死者のはたらきと江戸時代 遺訓・家訓・辞世——深谷克己
- 近世の百姓世界——白川部達夫
- 闘いを記憶する百姓たち 江戸時代の裁判学習帳——八鍬友広
- 江戸のパスポート 旅の不安はどう解消されたか——柴田 純
- 〈身売り〉の日本史 人身売買から年季奉公へ——下重 清
- 江戸の捨て子たち その肖像——沢山美果子
- 江戸の乳と子ども いのちをつなぐ——沢山美果子
- エトロフ島 つくられた国境——菊池勇夫
- 江戸時代の医師修業 学問・学統・遊学——海原 亮
- 江戸の流行り病 麻疹騒動はなぜ起こったのか——鈴木則子
- 江戸幕府の日本地図 国絵図・城絵図・日本図——川村博忠
- 江戸の地図屋さん 販売競争の舞台裏——俵 元昭
- 踏絵を踏んだキリシタン——安高啓明
- 墓石が語る江戸時代 大名・庶民の墓事情——関根達人
- 石に刻まれた江戸時代 無縁・遊女・北前船——関根達人
- 近世の仏教 華ひらく思想と文化——末木文美士
- 松陰の本棚 幕末志士たちの読書ネットワーク——桐原健真
- 龍馬暗殺——桐野作人
- 日本の開国と多摩 生糸・農兵・武州一揆——藤田 覚
- 幕末の世直し 万人の戦争状態——須田 努
- 幕末の海軍 明治維新への航跡——神谷大介
- 海辺を行き交うお触れ書き 浦触の語る徳川情報網——水本邦彦
- 江戸の海外情報ネットワーク——岩下哲典

近・現代史

- 江戸無血開城 本当の功労者は誰か?——岩下哲典
- 五稜郭の戦い 蝦夷地の終焉——菊池勇夫
- 水戸学と明治維新——吉田俊純
- 大久保利通と明治維新——佐々木 克
- 刀の明治維新 「帯刀」は武士の特権か?——尾脇秀和
- 維新政府の密偵たち 御庭番と警察のあいだ——大日方純夫
- 京都に残った公家たち 華族の近代——刑部芳則
- 文明開化 失われた風俗——百瀬 響
- 西南戦争 戦争の大義と動員される民衆——猪飼隆明
- 大久保利通と東アジア 国家構想と外交戦略——勝田政治

歴史文化ライブラリー

- 明治の政治家と信仰 クリスチャン民権家の肖像 ― 小川原正道
- 文明開化と差別 ― 今西 一
- 大元帥と皇族軍人 明治編 ― 小田部雄次
- 皇居の近現代史 開かれた皇室像の誕生 ― 河西秀哉
- 明治神宮の出現 ― 山口輝臣
- 神都物語 伊勢神宮の近現代史 ― ジョン・ブリーン
- 陸軍参謀 川上操六 日清戦争の作戦指導者 ― 大澤博明
- 日清・日露戦争と写真報道 戦場を駆ける写真師たち ― 井上祐子
- 公園の誕生 ― 小野良平
- 啄木短歌に時代を読む ― 近藤典彦
- 鉄道忌避伝説の謎 汽車が来た町、来なかった町 ― 青木栄一
- 軍隊を誘致せよ 陸海軍と都市形成 ― 松下孝昭
- お米と食の近代史 ― 大豆生田 稔
- 日本酒の近現代史 酒造地の誕生 ― 鈴木芳行
- 失業と救済の近代史 ― 加瀬和俊
- 近代日本の就職難物語 「高等遊民」になるけれど ― 町田祐一
- 選挙違反の歴史 ウラからみた日本の一〇〇年 ― 季武嘉也
- 海外観光旅行の誕生 ― 有山輝雄
- 関東大震災と戒厳令 ― 松尾章一
- 難民たちの日中戦争 戦火に奪われた日常 ― 芳井研一
- 昭和天皇とスポーツ 〈玉体〉の近代史 ― 坂上康博
- 大元帥と皇族軍人 大正・昭和編 ― 小田部雄次
- 海軍将校たちの太平洋戦争 ― 手嶋泰伸
- 松岡洋右と日米開戦 大衆政治家の功と罪 ― 服部 聡
- 地図から消えた島々 幻の日本領と南洋探検家たち ― 長谷川亮一
- 自由主義は戦争を止められるのか 芦田均・清沢洌・石橋湛山 ― 上田美和
- モダン・ライフと戦争 スクリーンのなかの女性たち ― 宜野座菜央見
- 彫刻と戦争の近代 ― 平瀬礼太
- 軍用機の誕生 日本軍の航空戦略と技術開発 ― 水沢 光
- 首都防空網と〈空都〉多摩 ― 鈴木芳行
- 帝都防衛 戦争・災害・テロ ― 土田宏成
- 陸軍登戸研究所と謀略戦 科学者たちの戦争 ― 渡辺賢二
- 帝国日本の技術者たち ― 沢井 実
- 〈いのち〉をめぐる近代史 堕胎から人工妊娠中絶へ ― 岩田重則
- 強制された健康 日本ファシズム下の生命と身体 ― 藤野 豊
- 戦争とハンセン病 ― 藤野 豊
- 「自由の国」の報道統制 大戦下の日系ジャーナリズム ― 水野剛也
- 海外戦没者の戦後史 遺骨帰還と慰霊 ― 浜井和史

歴史文化ライブラリー

文化史・誌

歴史文化ライブラリー

苗字と名前の歴史——坂田　聡
日本人の姓・苗字・名前 人名に刻まれた歴史——大藤　修
大相撲行司の世界——根間弘海
日本料理の歴史——熊倉功夫
日本の味　醤油の歴史——林　玲子・天野雅敏編
中世の喫茶文化 儀礼の茶から「茶の湯」へ——橋本素子
香道の文化史——本間洋子
天皇の音楽史 古代・中世の帝王学——豊永聡美
流行歌の誕生 「カチューシャの唄」とその時代——永嶺重敏
話し言葉の日本史——野村剛史
柳宗悦と民藝の現在——松井　健
遊牧という文化 移動の生活戦略——松井　健
マザーグースと日本人——鷲津名都江
たたら製鉄の歴史——角田徳幸
金属が語る日本史 銭貨・日本刀・鉄炮——齋藤　努
書物と権力 中世文化の政治学——前田雅之
書物に魅せられた英国人 フランク・ホーレーと日本文化——横山　學
災害復興の日本史——安田政彦

民俗学・人類学

日本人の誕生 人類はるかなる旅——埴原和郎
倭人への道 人骨の謎を追って——中橋孝博
神々の原像 祭祀の小宇宙——新谷尚紀
役行者と修験道の歴史——宮家　準
幽霊　近世都市が生み出した化物——髙岡弘幸
雑穀を旅する——増田昭子
川は誰のものか 人と環境の民俗学——菅　豊
名づけの民俗学 地名・人名はどう命名されてきたか——田中宣一
番と衆 日本社会の東と西——福田アジオ
記憶すること・記録すること 聞き書き論ノート——香月洋一郎
番茶と日本人——中村羊一郎
柳田国男 その生涯と思想——川田　稔

世界史

中国古代の貨幣 お金をめぐる人びとと暮らし——柿沼陽平
渤海国とは何か——古畑　徹
古代の琉球弧と東アジア——山里純一
アジアのなかの琉球王国——髙良倉吉
琉球国の滅亡とハワイ移民——鳥越皓之

歴史文化ライブラリー

フランスの中世社会 王と貴族たちの軌跡―渡辺節夫
ヒトラーのニュルンベルク 第三帝国の光と闇―芝 健介
人権の思想史―浜林正夫

考古学

タネをまく縄文人 最新科学が覆す農耕の起源―小畑弘己
老人と子供の考古学―山田康弘
〈新〉弥生時代 五〇〇年早かった水田稲作―藤尾慎一郎
文明に抗した弥生の人びと―寺前直人
樹木と暮らす古代人 木製品が語る弥生・古墳時代―樋上 昇
古 墳―土生田純之
東国から読み解く古墳時代―若狭 徹
埋葬からみた古墳時代 女性・親族・王権―清家 章
神と死者の考古学 古代のまつりと信仰―笹生 衛
土木技術の古代史―青木 敬
国分寺の誕生 古代日本の国家プロジェクト―須田 勉
海底に眠る蒙古襲来 水中考古学の挑戦―池田榮史
銭の考古学―鈴木公雄

古代史

邪馬台国の滅亡 大和王権の征服戦争―若井敏明
日本語の誕生 古代の文字と表記―沖森卓也
日本国号の歴史―小林敏男
日本神話を語ろう イザナキ・イザナミの物語―中村修也
六国史以前 日本書紀への道のり―関根 淳
東アジアの日本書紀 歴史書の誕生―遠藤慶太
〈聖徳太子〉の誕生―大山誠一
倭国と渡来人 交錯する「内」と「外」―田中史生
大和の豪族と渡来人 葛城・蘇我氏と大伴・物部氏―加藤謙吉
白村江の真実 新羅王・金春秋の策略―中村修也
よみがえる古代山城 国際戦争と防衛ライン―向井一雄
よみがえる古代の港 古地形を復元する―石村 智
古代豪族と武士の誕生―森 公章
飛鳥の宮と藤原京 よみがえる古代王宮―林部 均
出雲国誕生―大橋泰夫
古代出雲―前田晴人
古代の皇位継承 天武系皇統は実在したか―遠山美都男
古代天皇家の婚姻戦略―荒木敏夫
壬申の乱を読み解く―早川万年
戸籍が語る古代の家族―今津勝紀